JN016366

グルジア民謡概説

謡（うた）に映る人と文化

久岡加枝

ნარკვევი ქართული
ხალხური სიმღერის შესახებ

სიმღერით გამოხატული ადამიანი და კულტურა

კაე ჰისაოკა

Stylenote

目　次

第1章

各地方の民謡紹介 − 多様性と共通性

第2章

民謡の歌詞とそのテーマ − 宗教・歴史・文化など

第 3 章
代表的な民謡歌手と演奏グループ − 録音案内つき

本書について

　本書におけるグルジア語の表記については、楽譜や対訳では学術的なラテン文字転写を採用するが、民謡のタイトルについては Spotify や Youtube などで検索が容易な簡単な表記を採用している。

　第二章の民謡の歌詞については、以下の民謡楽譜集・概説などを適宜参照した。

Chkhikvadze, Grigol. *Kartuli Khalkhuri Simghera*. Tbilisi, 1960.

Mshvelidze, Archil. *Kartuli Kalakuri Khalkhuri Simgherebi*. Tbilisi, 1970.

Chijavadze, Otar. *Kartuli Kalkhuri Simghera: Megruli*. Tbilisi, 1974.

Kokeladze, Grigol. *Asi Kartuli Khalkhuri Simghera*. Tbilisi, 1988.

N. Zumbadze, eds. *Kartuli Khalkhuri Musik'aluri Shemokmedeba*. Tbilisi State Conservatoire, 2005.

Erkomaishvili, Anzor. *Kartuli Khalkhuri Simghera: P'rveli Ponochanats'erebi 1901-1914 (Georgian Folk Song: The First Sound Recordings)*. Tbilisi, 2006.

Shilakadze, Manana. *T'raditsiuli Samusik'o Sak'ravebi da Kartul-Chrdilok'avk'asiuri Etnok'ult'uruli Urtiertobani*. Tbilisi, 2007.

　付録の楽譜については、上記の楽譜集などのほか、Spotify や Youtube の音源（楽譜の下に URL を表記）を参考に作成した。なお、本書に掲載した Youtube などの URL は、変更あるいは削除される可能性もある。

サンプル音源について

　本書では、実際に演奏を聴きながらグルジア民謡に親しんでいただくために、サンプル音源を用意した。該当箇所では、

> ～勇士シャヴレグの活躍を讃えた三部合唱《シャヴレゴ Shavlego》 楽譜1 （p. 256）や、鎌を研ぐ際に、豊作を祈願して歌われた《ナムグルリ Namgluri》 サンプル3 がある。～

のように記した。これらのサンプル音源はすべて、下記アドレスから試聴することができる。

https://www.stylenote.co.jp/0187

　また上記のように「 楽譜1 （p. 256）」と記されているものについては、巻末の楽譜（p. 253 ～）もぜひ参照してほしい。

　なお、本書のサンプル音源に関しては、人々が日常的に演奏する歌や楽器の旋律を録音したため、突然歌がはじまった状況で録音したものでは頭切れしている場合や、会話などの雑音が含まれる場合もある。

❖ サンプル音源リスト

サンプル1 《ムラヴァルジャミエリ Mravaljamieri（長寿万歳)》（カヘティ地方）
キスタウリ村の男声合唱団（キスタウリ村）

サンプル2 《我々は浮世の客 Tsutisoplis Stumrebi Vart》（カヘティ地方）
キスタウリ村の男声合唱団（キスタウリ村）

サンプル3 《ナムグルリ Namgluri》（カヘティ地方）
キスタウリ村の男声合唱団（キスタウリ村）

サンプル4 《サチダオ Sachidao》（カヘティ地方）
アゼルバイジャン系住民による二本のズルナと太鼓ドリ（カラジャラ村）

サンプル5 《リレ Lile》（スヴァネティ地方）
ピルパニー家の混声三部合唱（メスティア市）

サンプル6 《ラジグヴァシュ Lajghvash》（スヴァネティ地方）
ピルパニー家の混声三部合唱、イスラン・ピルバニ（1935-2017）のチュニリ（メスティア市）

サンプル7 《オリラ Orira》（グリア地方）
オズルゲティ地区の出身者による男声三部合唱（カルトリ地方トビリシ市）

サンプル8 《ヒンツカラ Khintskala》（アチャラ地方）
シュアヘヴィ地区の男声三部合唱（シュアヘヴィ地区）

サンプル 9 《ホルミ Khorumi》（アチャラ地方）
ポリカルペ・フブラヴァ（1924-2015）のチョングリの独奏（サメグレロ地方ズグディディ市）

サンプル 10 《私の心は恋焦がれる Guris Modzin Ma Dachkhiri》（アチャラ地方）
管楽器ピリリ Pilili による（サルフィ村）

サンプル 11 《チェラ Chela》（サメグレロ地方）
ポリカルペ・フブラヴァらよる混声三部合唱（ズグディディ市）

サンプル 12 《ディドウ・ナナ Didou Nana》（サメグレロ地方）
ポリカルペ・フブラヴァらによる混声三部合唱（ズグディディ市）

サンプル 13 《ムラヴァルジャミエリ Mravaljamieri》（メスヘティ地方）
ザザ・タマラシュヴィリの合唱団「メスヘティ」による男声三部合唱（アハルツィヘ市）

サンプル 14 《マムリ・ムハサオ Mamli Mukhasao》（メスヘティ地方）
合唱団「メスヘティ」による男声三部合唱（アハルツィヘ市）

サンプル 15 《サムクレロ Samkrelo》（メスヘティ地方）
合唱団「メスヘティ」による男声三部合唱（アハルツィヘ市）

サンプル 16 《ツィプロヴァナ Tsiplovana（子を弔う旋律）》（トゥシェティ地方）
ツィツィノ・ディンガシュヴィリのガルモニの独奏（カヘティ地方ゼモ・アルヴァニ村）

サンプル 17 《シャミールの舞踊の旋律 Shamilis Satsekvao》（トゥシェティ地方）

エプロ・トルグヴァイゼによるガルモニの独奏（カヘティ地方クヴェモ・アルヴァニ村）

サンプル 18 サラムリの旋律（トゥシェティ地方）

サラムリ（リードのついたもの）の独奏（カヘティ地方ゼモ・アルヴァニ村）

サンプル 19 舞曲「カルトゥリ Kartuli」の練習風景（トビリシ市）

ザウル・メレバシュヴィリらのドゥドゥキによる（トビリシ市）

サンプル 20 チェチェン系のキスト人のバラライカの旋律（カヘティ地方）

バラライカの独奏（ドゥイシ村）

サンプル 21 ダゲスタン系のアヴァル人の叙情歌（カヘティ地方）

二弦の撥弦楽器タンプルの伴奏で故郷の美しさを歌う（ショロヒ村）

サンプル音源の録音場所

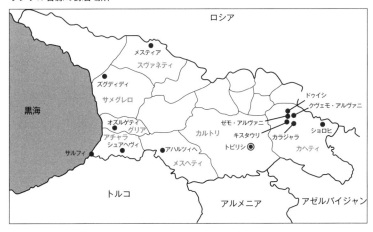

はじめに
グルジアについて

　「グルジア民謡」と聞いても、多くの日本の読者はイメージがわかないだろう。「グルジア民謡」とは、最近、「ジョージア」として知られるようになった国の人々のあいだで、古くから歌われてきた歌のことである。来日のたびに話題となっているジョージア国立民族合唱舞踊団「ルスタビ」[注1]の公演を観たことがある人は、民族衣装を着た男たちが声高らかに歌う「合唱」を思い浮かべるかもしれない。本書は、「ルスタビ」の活躍などによって日本でも近年、徐々に知られるようになった、グルジア民謡について紹介するものである。

　多声部合唱で歌われる民謡は、古代の神話的世界観をはじめ、教訓や知恵、儚い恋心、長寿・健康祈願、自然や故郷への愛、子を思う母の心といった、遠く離れた私たちにも、どこか親しみやすい、ユーモアに満ちた内容に基づくものである。本書で紹介する民謡の歌詞や録音、コラムなどを通じて、日本から遠いジョージアの歴史や文化、人々の伝統的な生活を身近に感じてほしいと考えている。

　2001年にユネスコの世界無形文化遺産に「Georgian Polyphonic Singing」として登録された多声部合唱による民謡には、生活・風俗に関するもの、農業や自然に関するもの、宗教的儀礼に関するもの、婚礼に関するもの、恋愛に関するもの、生活苦・一揆、嘆き・弔い、教訓を歌ったもの、武勇・戦に関するもの、19世紀以降の創作によるものなど、実に多様なジャンルが含まれる。これらの歌は近年で

注1　「小川の（Rus）源流（Tavi）」を意味する。カルトリ地方の南部にある古い歴史をもつ町の名前としても知られる。

は、コンサートの舞台で歌われる機会も増えたが、まだまだ、宴席などの日常的な場面で歌われる機会も多く、人々の生活に根づいた生きた伝統である。人々は口をそろえて、民謡は古い教訓や習慣を伝える民族の文化遺産であると語る。

　最近では英語読みの「ジョージア」として知られる黒海に面する小さな国は、コーカサス山脈の南側に位置し、北はロシア、南はトルコと接する。このジョージアという国名の由来には諸説がある。その一つに、キリスト教の聖人ゲオルギオス（英語ではジョージ）を守護聖人として讃える国に由来するという説がある。こうした説を裏づけるかのように、戦いの守護聖人として崇拝されるゲオルギオス（グルジア語ではギオルギ）は、さまざまな民謡のなかに登場する。

　その一方でこの地域は、20世紀を通じてロシア語の「グルジア」という名称でも知られてきた。この「グルジア」という国名・地域名称は、ロシア語などのインド・ヨーロッパ語族[注2]ではなく、ペルシア語の国名「ゴルジェスタン Gorjestan」に由来するという説が有力である。ペルシア語でグルジア人を意味する「ゴルジ Gorj」はオオカミを意味する語「Gorg」から派生した説が有力であり、ゴルジェスタンとは、すなわち「オオカミの国」を意味している。こうした土地柄を象徴するかのように、5世紀のグルジアでは、ペルシア語で「オオカミの頭」を意味する「ゴルガサリ Gorgasali」という愛称で親しまれたイベリア王国の王ヴァフタング1世が活躍した。このヴァフタング1世のニックネームはヴァフタング1世が愛用していた兜の文様に由来するという。

　この地域で話されるグルジア語は、周辺地域に広まるインド・

注2　ユーラシア大陸から西アジア、南アジアに分布する語族で、英語などをはじめとするヨーロッパに広がる言語や、インドのヒンディー語、イラン語などを含む。

ヨーロッパ語族やテュルク語族[注3]とも異なる、カルトヴェリ（南コーカサス）語族に属する。それゆえ、この地域の人々の多くは、自らを「カルトヴェリ Kartveli 人」と称し、自らの国を「サカルトヴェロ Sakartvelo」（カルトヴェリ人の住むところ）と呼んできた。この語族名としても知られる「カルトヴェリ」という民族の名称は、旧約聖書で箱舟を造ったノアの子孫とされるグルジアの伝説上の英雄「カルトロス Kartlos」に由来するものである。

　このように、ジョージア、グルジア、サカルトヴェロと名称が複数あり、どの名称を用いるかは判断の難しいところだが、古い歴史をもつ言語や教会、民族の名称は、「グルジア語」、「グルジア正教会」、「グルジア人」と、「グルジア」が現在も使用されている場合が多い[注4]。現在では、ロシア帝国とソヴィエト政権による支配の影響を思い起こす、ロシア語読みの地域名称を忌避する傾向も強いが、古い起源をもつ「民謡」を扱う本書では、同じく古い「言語」などの名称にならい「グルジア」という旧来の国名・民族名を用いることをあらかじめ断っておく。

　ところで、古くからこの地は、プーシキンやレールモントフといった 19 世紀ロシアの文豪たちが憧れを抱いた「桃源郷」のような場所として知られた。とりわけ、古老たちによって世代から世代へと歌い継がれてきた合唱形式の民謡は、フランスで活躍するグルジア出身の映画監督オタール・イオセリアーニ Otar Iosseliani (1934-) の作品『古いグルジアの歌 Georgian Ancient Songs/ Starinnaya Gruzinskaya Pesnya』(1969) によって、コーカサスの「秘境」に伝わる伝統音楽としてソ

注3　現在のトルコ共和国のトルコ語、およびそれと同系の諸言語を指す。中央アジアのほか、中国の新疆ウイグル自治区、シベリアに広く分布している。

注4　日本や海外において、その文化や歴史についていまだ充分に知られないこの地域に関しては、その「呼び名」でさえ一様ではないことが以下の研究で指摘される。前田弘毅「歴史の中のコーカサス「中域圏」──革新される自己意識と閉ざされる自己意識」（家田修編『講座　スラブ・ユーラシア学 1 : 開かれた地域研究へ　中域圏と地球化』講談社、2008 年）。

連時代から国際的に紹介されてきた。本書で中心的に取りあげる民謡、とりわけ男性たちが「チョハ Chokha」と呼ばれる弾丸コートを着て、杯を酌み交わしながら歌う合唱形式の民謡は、民族を象徴する音楽として位置づけられる。

　こうした歌は、三部合唱で歌われるのが一般的であり、特に国際的に活躍する合唱団によるコンサートなどのステージでは、男性によって歌われることが多い。その理由として、20世紀初頭からグルジアの音楽学者などの知識人のあいだで、とりわけ男性によって歌われる多声部合唱に文化的な関心が集まり、グルジアを代表する音楽文化として海外に紹介されてきたことがある。本書で紹介するように、グルジアには数多くの伝統的な音楽や舞踊がある。そのなかで、とりわけ合唱が積極的に世界に発信されてきた理由として、合唱がグルジアの多くの地域で歌われることや、「クリマンチュリ」などの一部の男声合唱のユニークな発声技巧もあるが、多声部合唱が、ヨーロッパをはじめアジアやアフリカなどの世界各地に古くから伝わる音楽文化であることが考えられるだろう。

国土を横断して共有する合唱文化

　スイスのアルプスよりも高い、五千メートル級の山々に囲まれた、北海道よりもやや小さい国土には、スキーができる雪山から、温暖な黒海沿岸の保養地まで、実に多様な気候の地域が含まれる。乾燥した気候の東部では古代からワインの原料になる葡萄が栽培され、温暖な西部では茶や蜜柑のほか、玉蜀黍などの生活に欠かせない作物が栽培される。

　さまざまな言語や宗教などの文化的特徴をもった集団が暮らし、

四百万弱の人口の半分以上が山間部で暮らす。黒海沿岸のサメグレロ地方ではメグレル語が話され、北西部山岳のスヴァネティ地方ではスヴァン語が話される。これらの言語は、グルジア語と同じカルトヴェリ語族[注5]に属する。国民の多くはグルジア正教会[注6]に属するキリスト教徒であるが、トルコに接した黒海沿岸のアチャラ地方には16世紀から19世紀のオスマン帝国の支配を経てイスラム教を信仰するようになった人々も暮らす。

　しかしながら合唱形式による民謡は、アゼルバイジャンとの国境に接した東部のカヘティの平原から、黒海沿岸の西部のアチャラまで、ほぼすべての地域で歌われる。そのため多声部合唱は、地域集団の多様性を統一する「民族文化」として位置づけられる。

歌にまつわるグルジア小史

　グルジアの歴史は古い。新石器時代からワインが醸造され、金や銀製品の製造も盛んにおこなわれており、紀元前二千年ごろのものとされる銀製の杯やベルトなどの出土品には、古代の輪舞の様子が刻まれているという。今日、輪舞には合唱が不可欠であり、こうした古代の輪舞は、合唱のはじまりを証明するものだという意見もある。

　紀元前13世紀ごろには、グルジアにおける最初の国家とされるコ

注5　ジョージア国内で話されるグルジア語とメグレル語、スヴァン語および、主にトルコ国内で話されるラズ語の4つの言語からなり、南コーカサス語族とも呼ばれる。

注6　10世紀前後に、ビザンツ帝国のコンスタンティノープル（現在のイスタンブール）で栄えた東方正教会では、ロシア正教会やブルガリア正教会、日本ハリストス正教会などのように、一つの国に一つの教会組織をもつことが原則とされる。グルジア正教会もその一つである。これらの国の独立教会では総主教を最高位聖職者とする。グルジア正教会の総主教座は古くからムツヘタに置かれ、その歴史は5世紀にさかのぼることが可能である。無神論が掲げられたソ連時代にはロシアなどの地域と同様に弾圧を受けたが、独立後に復活した。現在の総主教はイリヤ2世。

$$\textbf{ა o უ ე ო}$$

グルジア文字の母音「a、i、u、e、o」

ルヘティ王国が西部地域である黒海沿岸に興った。「コルキス」としても知られるコルヘティは、ギリシア神話に登場するアルゴー船[注7]が金色の羊の毛を求めて辿り着いた場所とされる。

　コルヘティに遅れて、紀元前3世紀には東部にイベリア王国が誕生した。ムツヘタを首都に栄えたイベリア王国では、紀元4世紀に東ローマ帝国のカッパドキアの伝道者聖ニノによってキリスト教の布教が進んだ。キリスト教の普及に並行し、現在用いられるグルジア文字の原型となる文字が考案された[注8]。33（古くは38）の独自のアルファベットからなるグルジア文字は、合唱と同様にユネスコの世界無形文化遺産に指定されている。

　注目すべきことに、5世紀にはグルジア初の「文学」が誕生している。ヤコブ・ツルタヴェリによる聖人伝『シュシャニキの受難』である。

　5世紀のイベリア王国はヴァフタング1世[注9]（ゴルガサリ）を中心に

注7　ホメロスの『オデュッセイア』などの作品に登場する船大工アルゴスが作った巨大な船。金色の羊の毛を求めてヘラクレスやオルフェウスなどの英雄が乗船した。
注8　グルジア文字の原型は、より古い紀元前3世紀にイベリア王国のパルナヴァズ1世によって考案されたという説もある。
注9　トビリシのメテヒ教会の近くには、馬に跨がるヴァフタング1世の像が建つ。

キリスト教国として栄えていた。ヴァフタング1世によって、この時期にムツヘタから現在のトビリシに都が移されたとされる。この時代に生きたシュシャニキ^{注10}は敬虔なキリスト教徒の女性だった。しかし彼女の夫は当時のオリエントで勢いをふるっていたササン朝ペルシアの影響から、ゾロアスター教に改宗していた。夫はキリストの教えを頑なに守るシュシャニキに腹を立て、彼女を投獄した。シュシャニキは、獄中生活においても、信仰を貫き、貧苦のうちに亡くなったという。この聖人伝には、当時の人々の生活の様子が明確に記されており、男女が別々に食事をする習慣が根づいていた様子も明らかにされる。こうした習慣は、現在も古い民謡を歌う際や、伝統的な宴席を囲む際に見られるものであるが、すでにこの時代からコーカサス地域ではじまっていたいたと考えられている。

　10世紀前後には、ギリシアとの交易がおこなわれた黒海沿岸の港町ファシス（現在のポティ）を中心に、ギリシア哲学の受容も盛んであった。11世紀の新プラトン学派の神学者ヨアネ・ペトリツィ Ioane Petritsi^{注11}は、新プラトン学派の代表作の一つであるプロクロス^{注12}『神学綱要』をグルジア語に翻訳したが、その註解で「ムザフル Mzakhr、ジル Zhir、バム Bam」といったこの時代の合唱における三つの声部を、キリスト教神学における三位一体^{注13}に喩えている。ペトリツィの記述は、この時代に三部合唱が盛んであったことを裏づけるものとして重視される。なお、ジルとバムは、中世期のアラビア語の音楽理

注10　グルジア人ではなく、アルメニア人の女性だったとされる。シュシャニキの名前は、グルジア語やアルメニア語で「ユリの花」に由来する。
注11　南西部のメスヘティ地方で生まれ、コンスタンティノーブルで神学を学んだのち、グルジアへ戻り、西部イメレティ地方にあるゲラティ修道院の礎を築いたとされる。
注12　5世紀にコンスタンティノーブルで生まれた。アテネでプラトンの後継者であるプルタルコスに学ぶ。
注13　キリスト教で、父なる神と神の子であるキリストと聖霊は、一つの神が三つの姿になって現れたものであり、本来、これらは一体のものであるという説（大貫隆、名取四郎、宮本久雄、百瀬文晃『岩波キリスト教辞典』岩波文庫、2002年）。

論書にも登場する音域概念であり、ジルは高音を、バムは低音を意味する[注14]。現在のグルジアの合唱では低音部は「バニ Bani」と呼ばれるが、かつてはバムと呼ばれたことが明らかである。またムザフルは、現在の三部合唱において副旋律を歌う声部「モザヒリ Modzakhili」を指していると考えられるが、当時も副旋律を意味したかどうかはわからない。なおジルに関しては、現在では四弦の撥弦楽器チョングリ Chonguri[注15] の高音弦の名称としてその名を留めている。こうした音域の名称からは、中世期のグルジアが、ギリシアのみならず、中東地域の文化的影響下にあったことが明らかである。

　一般に 11 世紀から 12 世紀はグルジアの黄金時代として位置づけられる。「建設王」と称されるダヴィト 4 世[注16] によってクタイシ Kutaisi 近郊のゲラティ聖堂をはじめとするさまざまな聖堂・修道院が建立された。タマル女王[注17] の時代には、グルジアの領土は最大域に広がり、現在トルコにある交易都市アニをはじめ、ロシアのソチ近郊の地域や、現在のアブハジア、アゼルバイジャンやアルメニアの一部をも含んだ。

　この時代に書かれたショタ・ルスタヴェリ Shota Rustaveli[注18] による長編叙事詩『豹皮の勇士』は、タマル女王に捧げられたものだと考えられている。主人公タリエルと友人のアフタンディルをはじめとする

注14　中世期のアラビア語による音楽理論に関しては、以下の研究が詳しい。新井裕子『イスラムと音楽：イスラムは音楽を忌避しているのか』スタイルノート、2015 年。

注15　イメレティ地方やグリア地方、サメグレロ地方などのグルジア西部で演奏される、かつてアナトリアやイランなどの中東地域で吟遊詩人やイスラームの神秘主義者によって演奏されたチョグルと同系統の楽器。

注16　在位 1089-1125 年。クタイシ生まれ。セルジューク朝を破るなどの武勲をあげたほか、コンスタンティノープルに留学生を数多く送った。

注17　在位 1184-1213 年。セルジューク朝を討伐し、グルジア王国の領土を拡大させた。オセット人の夫ダヴィト・ソスランとの間に息子ギオルギと娘ルスダンをもうけ、のちに彼らは王位に就いた。

注18　南西部メスヘティ地方生まれの詩人。その生涯について詳しいことはわかっていないが、タマル女王に仕えた官吏とされる。唯一残された作品『豹皮の勇士』はグルジアを代表する文学作品に位置づけられ、さまざまな言語に翻訳される。

勇敢な男たちの友情と恋を賛美した世俗的な内容に基づくこの作品の
なかで、ネスタン・ダレジャンやティナティンといったヒロインの美
しさは薔薇や菫の花に、タリエルやアフタンディルら英雄たちの精悍
さは、ポプラの木に喩えられる[注19]。また、「不名誉な生よりも、名誉
ある死を選ぶ」といったさまざまな「格言」も登場し、女性の美しさ
を薔薇や菫に喩える比喩や、男性の英雄的行為を重んじる価値観は、
これから紹介する愛や武勇を讃える民謡に反映されている。

　一方でタマル女王亡きあとのグルジアの歴史は苦難に満ちたもの
だった。13世紀にはモンゴル帝国が侵入し、15世紀にはオスマン帝
国が南西部を支配した。まもなくしてアッバース1世が率いるイラン
のサファヴィー朝の軍勢が東部を支配した。これらの時代の苦難は、
さまざまな民謡のなかで回想される。やがて19世紀には、アレクサ
ンドル1世を中心とするロシア帝国が、イランやトルコ、および北東
コーカサスのダゲスタンの諸勢力を駆逐する形で、グルジアをその影
響下に治めた。

　ロシアの支配下でグルジアにも西洋音楽が入ってきた。1851年に
は現在の首都トビリシにオペラ劇場が誕生し、イタリアのオペラ一座
も招かれた[注20]。トビリシやクタイシでは西洋音楽の受容が進んだ。次
第にペテルブルグで学んだ経験をもつ知識人が活躍するようになり、
民族意識に目覚めた彼らのあいだで、民謡の収集が徐々に進んだ。
1917年にロシアの帝政が崩壊し、グルジアはつかの間の独立を果た
したが、間もなくしてソ連に併合された。

注19　ルスタヴェリの『豹皮の勇士』に関しては、以下の翻訳を参照されたい。大谷深訳『豹皮の勇士』
　　　日本グルジア友の会・DAI工房、1990年。
注20　現在のザカリア・パリアシュヴィリ記念トビリシ国立オペラ・バレエ劇場の原形となる。19世紀半
　　　ばにコーカサス総督に任命されたロシアの軍人M・ヴォロンツォフらが、現地の住民の文化的啓蒙を目
　　　的に開設した。当初は近隣のスタブロポリなどから俳優を招き、小規模な演劇を上演するにとどまって
　　　いたが、1870年代以降は、M・グリンカの《皇帝に捧げた命》（1836）などのロシアのオペラ作品も上
　　　演されるようになった。

　しかしながら、民謡などの古い民族の伝統文化を守ろうとする人々の熱意は変わらなかった。旧ソ連の「無神論」の時代においても、古代宗教やキリスト教などのさまざまな宗教的要素を含んだ民謡は、音楽学や民俗学の研究を通じて、学術的価値が裏づけられることによって生き延びてきたといえる。

第 1 章

各地方の民謡紹介

——多様性と共通性

　ここではグルジア各地の民謡について、地域間の多様性と共通性を踏まえながら紹介したい。

　今日、グルジアには、トビリシ首都圏をはじめとし、内カルトリ州、下カルトリ州、カヘティ州、ラチャ・レチフミおよび下スヴァネティ州、グリア州、アチャラ自治共和国、サメグレロおよび上スヴァネティ州、サムツヘ・ジャヴァヘティ州、ムツヘタ・ムティアネティ州などの行政区分がある。一方でこれらは、歴史的に形成されてきた地域区分とずれがある。本書で扱う民謡は、歴史的な無形文化遺産として位置づけられるため、本書では以下の歴史的な地域区分を用いる。

　グルジアは中部を南北に走るリヒ（スラミ）山脈を挟んで、東部と西部に大きく分けられる。東部には首都トビリシ Tbilisi のあるカルトリ Kartli とその東隣のカヘティ Kakheti が大きく広がる。この二つは、文化的に共通点が多いため、カルトリ・カヘティとひと括りにされることも多く、本書でもカルトリ・カヘティと表記する。その北側の北東部山岳地帯には、ヘヴスレティ Khevsureti、プシャヴィ Pshavi、トゥシェティ Tusheti、ムティウレティ Mtiuleti（グダマカリ Gudamaqari を含む）、モヘヴィ Mokhevi が位置する。

　一方、西部にはグルジア第二の都市クタイシ Kutaisi を擁するイメレティ Imereti、その南にはメスヘティ Meskheti（ジャヴァヘティ Javakheti を含む）、そして黒海沿岸にはイスラム教徒のグルジア人が暮らす自治共和国として位置づけられるアチャラ Achara のほか、グリア Guria、サメグレロ Samegrelo があり、その北には山岳地帯のラチャ Racha（レチフミ Lechkhumi を含む）やスヴァネティ Svaneti がある。これらの地域区分とは別に少数派集団である、チェチェン系のキスト Kist 人やダゲスタン系のアヴァル Avar 人、オセット Osetin 人のほか、アゼルバイジャン人、アルメニア人、ロシア人、ユダヤ人など

グルジアの地域区分

も暮らし、それぞれの宗教や言語、文化をもつ。

　アブハジアは、ソ連時代にグルジアに自治共和国として属した地域
で、アブハズ語を話すアブハズ人を基幹民族とする。カルトヴェリ語
族とは異なるアブハズ語を話すアブハズ人の間では、ソ連時代から文
化的独自性を主張する動きが存在し、ソ連崩壊後の1992年に激化し
たグルジアからの分離独立を求める紛争を経て、現在は未承認国家と
しての状態にある。アブハジアは、首都スフミを中心にソ連時代か
らグルジア人が多く暮らしてきた地域であり、1992年の紛争時には、
数多くのグルジア人が退去を余儀なくされ、難民化した。とりわけア
ブハジアの歌謡や舞踊は、ソ連時代から「ルスタビ」などのグルジア
の主要な民族合唱舞踊団の演目として上演され、グルジア人の間で親
しまれてきている。往来が不自由になった現在でも、グルジア人の間
ではアブハジアを文化的側面から懐かしむ声は強く、グルジア政府は
アブハジアの独立を認めていない。

　南オセチアは、ソ連時代にグルジア内に自治州として属した地域で

あり、インド・ヨーロッパ語族のオセット語を話すオセット人を基幹
民族とする。オセット人の歌謡や舞踊もソ連時代から「ルスタビ」な
どのグルジアの民族合唱舞踊団の演目になっており、グルジア人の間
で親しまれてきている。ソ連崩壊後には、グルジアとロシアの間で南
オセチアの帰属をめぐる紛争が生じており、2008 年夏の紛争を経て、
南オセチアはロシアの影響下に入った。一方で、現在もグルジア人の
間では、オセット人の合唱形式の民謡などの文化を懐かしむ声は強
く、2008 年の紛争以降、グルジア人の間では、オセチア民謡を歌う
合唱団が組織された。

　グルジア民謡は三部合唱で歌われる場合が多く、主旋律を「ムトゥ
クメリ Mtkmeli」（語り部）、副旋律を「モザヒリ Modzakhili」、低音部
を「バニ Bani」（またはモバネ Mobane）という。グリアやアチャラな
どの黒海沿岸の西部では、「クリマンチュリ Krimanchuli」（ヨーデルに
似た甲高い裏声）と、「ムトゥクメリ」と「バニ」によって歌われるこ
ともある。
　主旋律で歌詞を歌うムトゥクメリは、三つの声部のなかでは、中間
の高さの声であり、グルジアの合唱は、ムトゥクメリの歌い出しに
よってはじまることが多い。そのため、歌い出し中間声は、先唱者を
意味する「ダムツケビ Damtsqebi」と呼ばれる場合もある。
　副旋律で歌詞を歌うモザヒリはムトゥクメリよりも高いパートを歌
う。伝統的にこれらの歌詞を伴う声部は一人ずつによって歌われ、合
唱全体の規模は比較的小さいといえる。ただし、カルトリ・カヘティ
地方の持続低音形式の合唱では、低音部のバニは途切れないように複
数の歌い手によって歌われることが多い。

コラム 1 合唱による民謡——主要な四分類

　三部合唱で歌われるグルジアの民謡は、各声部の進行やその組みあわせ方によって主に四つの型（タイプ）に分類される。もちろんさらに細かく分類される場合やまた、一つの歌のなかに、さまざまな要素が見られる場合も多いが、ここでは代表的な四つのタイプについて紹介したい。

①ドローン（持続低音）タイプ

　この形式は、とりわけ東部のカルトリ・カヘティ地方の民謡にみられるものである。このほか、プシャヴィ地方などの北東部山岳地帯の二部合唱や、北西部ラチャ地方や南西部メスヘティ地方の三部合唱にもみられ、多くの場合、長く引き伸ばされた低音（「a」や「o」といった音）、すなわち持続低音の上で旋律が展開する サンプル1 サンプル13 。

譜例1　カルトリ・カヘティ地方の《ツィンツカロ》 楽譜5 （p. 267）より
　　　　　上の段からモザヒリ、ムトゥクメリ（語り部）、バニの声部

②オスティナート（執拗低音）タイプ

　低音部のバニによって同じ音程やリズムのパターンが繰り返されるもので、カルトリ・カヘティをはじめとするさまざまな地域の民謡に見られる。

28

譜例2 カルトリ・カヘティ地方の《もしも娘よ、私とお前が》 楽譜2 (p. 259) より

③コンプレックス（複合）タイプ

　各声部が同じリズムのパターンで進行するものであり、この形式はグルジアのほぼ全域に見られるが、スヴァネティやラチャなどの北西山岳地帯のほか、ムティウレティやモヘヴィなどの北東部山岳地帯の民謡にも特徴的である。

譜例3 スヴァネティ地方の《ラジグヴァシュ》 楽譜9 (p. 275) サンプル6 より

④コントラスト（対比）タイプ

　最後の「コントラストタイプ」は、各声部が独立した動きを見せながらも対比的な響きを創り出すものである。この形式は黒海沿岸のグリア、アチャラ地方のほか、サメグレロやイメレティ地方の一部の民謡に見られる サンプル7 。

譜例4　サメグレロ地方の《ヴァフタングリ Vakhtanguri》 楽譜13 （p. 285）より

　本書で紹介する民謡をストリーミングなどで視聴される際には、こうした合唱のタイプの違いにも着目して聴いていただきたい。

　本来、グルジア民謡の音階は、オクターヴを基本とするものではなく、より小さな「ド、レ、ミ（♭）、ファ」などの完全四度の枠内の音列や、「ド、レ、ミ（♭）、ファ、ソ」などの完全五度の枠内の音列の組みあわせによって構成されると考えられている。こうした完全四度や完全五度を基本とする音階の構造から、グルジア民謡の音階は、古代ギリシアや中国で考案された音律システムと同様に、3対2の弦の長さの比率に基づく完全五度のド－ソ、2対1の弦の長さの比率に基づく完全八度（オクターヴ）、4対3の弦の長さの比率に基づく完全四度のド－ファといった、協和する響きをもとに考案されたものだと考えられている。

　これらの協和音程をもとに導き出される音階では、ドの次のレの音は、ドの五度上のソの音から四度下の音（レとソの弦の長さの比率が4対3になる）に定められた。そしてレの音の五度上のラの音の四度下の音がミといった具合に計算を繰り返しながら、ド、レ、ミ、ファ、ソ、ラ、シといった音階が生み出された。こうした音律のシステムから導き出される音階では、ドとその一オクターヴ上のドの音は、正確な「2対1」の比率を保った響きをもたず、完全八度のオクターヴ上のドの音よりも少し高くなってしまう。この問題を解決するために、ルネサンス以降の西洋や、明代の中国で一オクターヴを十二等分した、十二平均律[注21]が生み出されたことは、周知の事実である。現在、一オクターヴを十二の半音に分割した十二平均律に基づくさまざまな音楽が、世界中で見られる。

　十二平均律に基づく音楽では、ある音を音階のはじまりとなる主音とみなす場合、その一オクターヴ上の音は、当然のごとく同一の音として扱われ、音階のはじまりとなる主音の役割を果たし、一オクター

注21　ピアノの鍵盤が一番わかりやすいだろう。一オクターブには白鍵7つと黒鍵5つが含まれ、12の音を構成する。十二平均律に調律されたピアノの鍵盤では、すべての長短調が演奏可能である。

ヴ上の主音で楽曲が締めくくられる場合もある。

　一方で、グルジア民謡の音階では、古い時代の音律システムの影響か、ある音が音階のはじまりの主音となる場合、その一オクターヴ上の音は、同じ主音の役割を果たすことはなく、こうした音で音楽が締めくくられることはない。そのため、グルジア民謡の音階は、一つの主音からなる「モノトニック・スケール」[注22] に基づくと考えられている。多くの民謡では、楽曲の締めくくりとなる低音部のバニの音が、主音となる（主音の五度上の音で締めくくられる場合もある）。また、グルジア民謡には、古代ギリシアのピタゴラス音律において、協和音として位置づけられた完全四度や完全五度が頻出することも特徴的である[注23]。

　19世紀以降のロシアの支配や、特にソ連時代の音楽教育の影響を経て西洋音楽の受容が進んだ現在では、十二平均律に基づいて歌われる場合が多い。しかしながら十二平均律が浸透した現在でも、合唱形式の民謡を歌う際には、古い音律に基づいた完全四度や完全五度の協和を重んじる傾向にある。

注22　ビザンチン聖歌や中世西洋の初期のオルガヌムに見られる。主音がドローン（持続低音）の役割を果たす場合が多い。

注23　紀元前6世紀前後のギリシアで活躍した哲学者・数学者ピタゴラスが考案した音程。『音楽教程』で記される。鍛冶屋の前を通った際、何人かの職人が打つ槌の音が共鳴することに気づき、それぞれの槌の重さを測定したという話は有名である。ピタゴラス音程では、ドと同じ高さのド（1：1）、さらに1オクターヴ上のド（1：8）、そして、ド─ソの完全五度（2：3）、とド─ファの完全四度（3：4）が協和する音程として位置づけられた。

1. 諸地域の民謡

カルトリ・カヘティ地方

　首都トビリシをはじめ、古都ムツヘタが置かれ、文化や経済の中心
地となってきたカルトリ・カヘティ地方には、さまざまな三部合唱
が伝わる。特に有名なものとして、勇士シャヴレグの活躍を讃えた
三部合唱《シャヴレゴ Shavlego》 楽譜1 （p. 256）や、鎌を研ぐ際に、
豊作を祈願して歌われた《ナムグルリ Namgluri》 サンプル3 がある。
《黒い瞳の娘よ Gogov Shavtvala》 楽譜3 （p. 262）、《飛べ、黒い燕よ
Gaprindi Shavo Mertskhalo》 楽譜4 （p. 264）、《ツィンツカロ Tsintskaro

葡萄と胡桃から作る菓子「チュルチヘラ」を、さまざまな音の高さの鐘
のように吊るす光景
　　　　　　　　　　　　　　　　　　——カルトリ・カヘティの秋

（泉の前で）》 楽譜5 （p. 267）などのさまざまな叙情歌や、ヴァフタング 1 世[注24]を讃える輪舞《我々は浮世の客 Tsutisoplis Stumrebi Vart》 サンプル2 のほか、かつて有力だったこの地方の領主に対して「一揆」を起こす人々の様子を歌った《チャクルロ Chakrulo》（p. 150）もよく知られる。

　また、雨乞いの《ラザレ Lazare》（p. 107）や、《イアヴ・ナナ Iav-Nana》（p. 75）といった子守歌・治癒歌は女性によって歌われてきた。《ラザレ》や《イアヴ・ナナ》の主旋律は、ロシアの作曲家チャイコフスキーが、バレエ組曲《くるみ割り人形》〈アラビアの踊り〉の中で用いたことで知られる。これらの旋律はカルトリ・カヘティ地方に伝わるもので、《ラザレ》や《イアヴ・ナナ》に見られるゆったりとした三拍子系のリズムもカルトリ・カヘティ地方の民謡に見られる特徴の 1 つである。

譜例 5　《イアヴ・ナナ》（治癒歌）
A・ベナシュヴィリによる採譜（Benashvili, 1885 年）
Chkhikvadze, Grigol. Kartuli Khalkhuri Simghera, Tbilisi, 1960, p. 348 に収録

　カルトリ・カヘティ地方では、三部合唱のほか、《オロヴェラ Orovela》（p. 90）と呼ばれる犂起こしの歌や《ウルムリ Urmuli》（p. 146）と呼ばれる牛車乗りの歌など、独唱による歌も歌われてきた。明確な拍節に基づかないメリスマ[注25]を駆使したこれらの歌は、男女の両方

注24　5 世紀から 6 世紀に活躍したイベリア王国の王。ゴルガサリとも呼ばれた（p. 18 写真参照）。
注25　歌詞の言葉の一音（譜例 6 では最後の小節の lo）に対して、いくつもの音高を連続的につける装飾的な歌唱法。日本の民謡や演歌の「こぶし」に近いが、メリスマのほうが拍節感がより自由である。

によって、時に持続低音とともに歌われる。

譜例6 《オロヴェラ》の歌い出し
G・コケラゼの民謡集（1988 年）より（実際は自由な拍節に基づいて歌われる）
Kokeladze, Grigol. Asi Kartuli Khalkhuri Simghera, Tbilisi, 1988, p. 53.

a - ri   a - la - li   a - ra - lo

　《オロヴェラ》のように、カルトリ・カヘティ地方の歌には「ari,
arali, aralo」といった歌い出しではじまるものが多い。こうした歌詞
の意味はよくわかっていないが、古代の豊穣の神を意味しているな
ど、何らかの古い起源をもつ言葉だとされている。
　グルジア有数の葡萄酒の産地であるこの地域には、《ムラヴァルジャ
ミエリ Mravaljamieri》 サンプル1 をはじめとする長寿を讃える宴席の三
部合唱も多く伝わる。《ムラヴァルジャミエリ》は、降誕祭（クリスマス）
の歌《アリロ Alilo》（p. 114）と同様にグルジアのほぼ全域に見られる
合唱形式の歌である。降誕祭の歌《アリロ》には、地方によってさまざ
まな旋律や歌詞のパターンがある。グルジア東部では《アリロ》に類似
する歌として、《チョナ Chona》（p. 115）と呼ばれる復活大祭の三部合唱
も知られる。この歌は、春の移動祝日である復活大祭に卵を集めに家々
を訪問する際に歌われたものである[注26]。《チョナ》はカルトリ地方のほか、
イメレティ地方でも歌われる。
　このほか、カルトリ・カヘティ、およびイメレティ地方には、《シャ
イリ Shairi》（p. 122、164）や《ラレ Lale》（p. 137）と呼ばれる「ぼ
やき歌」が伝わる。三弦の撥弦楽器「パンドゥリ Panduri」の伴奏
で歌われるこうした歌は、古くから村の余興のなかで欠かせない存

注26　復活大祭は、グルジア正教会ではアグドゥゴマ Aghdgoma、ロシア正教会ではパスハ Paskha と呼ば
　　れ、カトリックなどの西方教会では、イースターと呼ばれる。

在であった。パンドゥリのほか、グルジアの東部に広まる「ズルナ Zurna」[注27] もまた、余興に欠かせない楽器である。ズルナは中東地域に広まる管楽器であり、グルジアでも、太鼓「ドリ Dori」[注28] とともに演奏される。グルジアのズルナの旋律としては、「チダオバ」[注29] と呼ばれる古式レスリングの試合の際に演奏される《サチダオ Sachidao》の旋律が有名である。この旋律はグルジア人のほか、グルジアのアゼルバイジャン人のあいだでも演奏される サンプル4 。

パンドゥリ
「ソ–ラ–ド」といった調弦のパターンが一般的である

注27　トルコを中心に中東地域に広まるダブルリード型の木管楽器。トルコの軍楽「メフテル」の演奏が有名である。乾燥させた葦を吹き口に用いる。
注28　ズルナとともに用いられる太鼓。トルコなどの地域ではダウルと呼ばれる。
注29　古代に起源をもつとされるグルジア独自の格闘技で、6つの基本となる技があり、8つの階級からなる。

イメレティ地方

　グルジア第二の都、クタイシが位置する西部のイメレティ地方には旅路の恋歌が多く伝わる。その多くはトビリシなどへ向かう際に歌われたものである。このほか、《兵士の歌 Mkhedruli》　楽譜6　(p. 269) といった、戦地へ向かう若者を祝福する歌も知られる。この地方の合唱は、各声部が明確な旋律やリズムのパターンに基づき、比較的歌いやすい特徴をもつ。

　このほか、《バトネビス・ナニナ Batonebis-Nanina（バトネビのナニナ)》と呼ばれる治癒歌も伝わる。「バトネビ」とは麻疹などの病をもたらす精霊たちのことである。「ナニナ Nanina」は、子守歌などに登場する囃子詞「ナナ」から派生した「口ずさみ」の言葉であり、特にグルジア西部の民謡に頻繁に登場する。こうした治癒歌は、カルトリ・カヘティ地方では《イアヴ・ナナ》、西部のグリア地方では《バトネボ Batonebo》　楽譜11　(p. 280) と呼ばれる。カルトリ・カヘティ地方とグリア地方の中間に位置するイメレティ地方の治癒歌には、グリア地方の治癒歌に登場する歌詞「bat'onebo」のほかに、カルトリ・カヘティ地方の治癒歌に登場する「nanina, iav」の両方の歌詞の要素が見られることは興味深い。

譜例7　《バトネビス・ナニナ》の一節

G・チヒクヴァゼによるイメレティ地方のグヴァンケティ村での1967年の録音をもとに筆者がトビリシ音楽院の協力で採譜

ラチャ地方

　北西部山岳に位置するラチャ地方は、カヘティ地方と並ぶ葡萄酒の産地として知られる。そのためこの地方には《ムラヴァルジャミエリ》 楽譜7 （p. 271）のほか、《飲め Dalie》 楽譜8 （p. 273）などの宴席の三部合唱が数多く伝わる。イメレティ地方と同様に、ラチャ地方の三部合唱は明確な旋律とリズムに基づく歌いやすい特徴をもつ。

　ラチャ地方には「グダストヴィリ Gudastviri」と呼ばれるバグパイプの伴奏で歌われる歌も伝わり、嫁と姑の争いを風刺した歌などが知

られる。こうしたバグパイプはアチャラなどの南西部でも演奏される。

　また、ラチャ地方には女声・混声合唱による《ズルニ Zruni》といった挽歌も伝わる。隣接するスヴァネティ地方では《ザリ Zari》と呼ばれる男声合唱による挽歌が歌われるが、ラチャ地方の挽歌《ズルニ》は《ザリ》と同一の起源をもつものだと考えられている。《ズルニ》は、「おお、逝ってしまった」といった故人に対する即興的な語りによって歌われる場合もあるが、《ザリ》は、「ヴァイ Vai」という嘆きを表す言葉の繰り返しのみによって歌われる。

　このほか、「レチフミ Lechkhumi」と呼ばれるラチャとスヴァネティの境界に位置する小さな地域には、「ギギニ Ghighini」と呼ばれる「口ずさみ」を意味する短いぼやき歌も伝わる。「もう一杯飲もう、そして酔っぱらおうか」といった他愛のない歌詞で歌われる「ギギニ」は、イメレティ地方やグリア地方にも見られる歌のジャンルである。

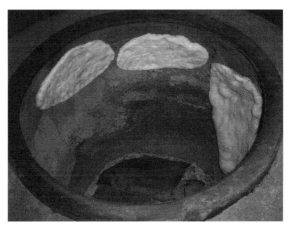

宴席に欠かせないハチャプリ（チーズの入ったパン）を伝統的な石窯で焼く光景
　　　　　　　　　　　　　　　　　　　　　　——ラチャ地方

スヴァネティ地方

　北西部山岳に位置するスヴァネティ地方は、五千メートル級のコーカサスの高い山に囲まれた地域である。四度や二度などの狭い音程に基づくこの地方の三部合唱は、イメレティ地方やラチャ地方などと同様に、各声部が同じリズムで進行することが多く、低音部も歌詞を歌う。

　スヴァネティ地方には、太陽神などの太古の神を讃える《リレ Lile》 サンプル5 （p. 103）や、《ラジグヴァシュ Lazhgvash》 楽譜9 （p. 275） サンプル6 といったスヴァン語で歌われる独自の三部合唱が伝わる。

　バルカル人などの北コーカサス諸民族との戦いで活躍した英雄を讃える三部合唱《カンサヴ・キピアネ Kansav Kipiane》 楽譜10 （p. 277）や、息子を弔う母の歌《ミラングラ Mirangula》（p. 153）もよく知られる。《ミラングラ》などの弔い歌では、「チュニリ Chuniri」と呼ばれる三弦の擦弦楽器が伴奏に用いられる。馬の毛を弦や弓に用い、羊などの動物の皮を共鳴胴に張ったチュニリは、スヴァネティ地方のほか、ラチャ地方にも伝わる楽器で、これらの地域では、かつて死者を供養する際や、病に苦しむ人を宥める際に演奏された サンプル6 。

　このほか「チャンギ Changi」と呼ばれる六本から九本の弦をもつ小型のハープも、チュニリとともに歌の伴奏に用いられる。

チュニリ
「ソーラード」に調弦されてい
ることが多い

チャンギ
「ミーファーソーラーシードーレ」などの調弦のパターンが
ある。写真は弦がまだ張られていない状態

グリア地方

　黒海沿岸のグリア地方にはさまざまな男声合唱が伝わる。なかでも、19世紀のクリミア戦争（1853-1856）[注30]のできごとを歌った《ハサンベグラ Khasanbegura》（p. 170）が有名である。《ハサンベグラ》は「クリマンチュリ Krimanchuli」（「よじれた高い声」を意味する）と呼ばれる甲高い裏声を駆使した上声部によって歌われることで知られる。ヨーデルに似た「クリマンチュリ」は、裏声と低音域の地声を切り替えながら母音を歌う独特の歌唱法である。

　《ハサンベグラ》などの長い歌詞を伴う大規模な合唱は、クリマンチュリを加えた三部合唱と、「ガダザヒリ Gadadzakhili」と呼ばれる二部合唱によって交互に歌われる。クリマンチュリはこのほかに、《オリラ Orira》 サンプル7 をはじめとする余興・宴席の歌にも登場する。

　グリア地方では《ヘルフヴァヴィ Khelkhvavi》や《ナドゥリ Naduri》と呼ばれる農作業の歌が古くから歌われてきた。《ヘルフヴァヴィ》は、グリア地方で玉蜀黍などの穀物を収穫する際に歌われた三部合唱であり、「大天使ミカエルとガブリエルが我々を作物で満たしてくれた」といった豊作を感謝する歌詞で歌われる。

　《ナドゥリ》はアチャラ地方のほか、イメレティ地方などにも伝わる農作業の歌で、イメレティ地方では《カヌリ Kanuri（畑の歌）》とも呼ばれる。この歌は、近隣の住民が共同で畑仕事をおこなう「ナディ Nadi」と呼ばれる作業の際に歌われたものである。グリア地方とアチャラ地方の《ナドゥリ》は時に、語り部「ムトゥクメリ」と低

注30　1853〜56年に南下政策を進めていたロシアのニコライ1世とオスマン帝国の間で、クリミア半島などを舞台に生じた戦争。

音の「バニ」のほか、クリマンチュリと「マガリ Maghali（高い）・バニ」（またはシェムフモバリ Shemkhmobari）と呼ばれる「バリトン」を加えた四部合唱によって歌われる。クリマンチュリが「u-a-o」と高らかに歌う傍ら、語り部のムトゥクメリは「私は貴族の娘だったにも関わらず、農夫と結婚する羽目になったのよ」といった歌詞を歌う。その間「マガリ・バニ Maghali Bani」は引き伸ばした音を歌い、バニは低音部でリズムを刻む。さらにこうした二つの四部合唱が、歌の一節を交互に歌う場合もある。

譜例8　アチャラ地方の《ナドゥリ》より
V・アホバゼの民謡集（1961 年）より
Akhobadze, Vladimer. Kartuli Acharuli Khalkhuri Simgherebi, Batumi, 1961, p. 207.

　なお、グリアやアチャラ、サメグレロなどの西部には東部の三弦のパンドゥリに類似した「チョングリ Chonguri」と呼ばれる四弦の撥弦楽器があり サンプル9 、これらの地域に広まる四部合唱の《ナドゥリ》が、チョングリの弦の数に影響を与えたのではないかともいわれているが定かではない。

チョングリ
「ファ-ラ-ド-ミ」などのパターンに調弦されている

アチャラ地方

　黒海沿岸のアチャラ地方には、グリア地方でも歌われる《ヘルフ
ヴァヴィ》や《ナドゥリ》などの仕事歌のほか、《エレサ Elesa》と呼
ばれる木遣り歌が伝わる。「エレサ！　ヘイ！」という掛け声ではじ
まる《エレサ》は、かつて山で切り倒した木を麓まで引っ張っていく
際に歌われた歌である。露土戦争[注31]（1877-1878）のできごとを歌った
男声三部合唱《アリ・パシャ Ali-Pasha》（p. 172）や、婚礼で歌われる
こともある《ヒンツカラ Khintskala》[楽譜12]（p. 283）サンプル8 など
の叙情歌も有名だ。
　このほか、アチャラ地方に伝わる四分の五拍子の《ホルミ
Khorumi》や八分の六拍子の《ガンダガナ Gandagana》といった独自

のリズムに基づく舞踊の旋律は、「チボニ Chiboni」と呼ばれるバグパイプやチョングリの独奏でも演奏される サンプル9 。また、《ガンダガナ》は恋歌としても知られる（p. 133）。

チボニ
二つの管からなり、「ミーファ♯ーソーラ
ーシード♯」や「ミーファ♯ーソーラ」な
どの音階をもつ

　アチャラ地方にはイスラム教徒のグルジア人もおり、トルコとの国境に位置する海沿いのサルフィ村には「ラズ Laz」と呼ばれるイスラム教徒の人々も暮らす。グルジア語やメグレル語、スヴァン語と同じカルトヴェリ語族に属するラズ語を話すラズ人は、グルジアのサルフィ村のほか、トルコ東部に暮らす。トルコとグルジアのラズ人の間には、農作業の歌《ヘヤモ Heiamo》の歌のほか、漁業が盛んな黒海沿岸のラズの人々の間では、《ヘレサ Helesa》という地引き網漁の歌も知られる。《ヘレサ》はグリア地方の木遣り歌《エレサ》と同系統の歌と考えられる。
　グルジアのサルフィ村に伝わるラズ語による恋歌《私の心は恋焦がれる Guris Modzin Ma Dachkhiri》は三部合唱で歌われる。サルフィ村のラズ人のあいだには、「ピリリ Pilili」と呼ばれるリードつきの

管楽器が伝わるが、この恋歌の旋律はピリリによっても演奏される　サンプル10　。

譜例9　サルフィ村に伝わる恋歌《私の心は恋焦がれる Guris Modzin Ma Dachkhiri》の一節
1973 年の G・チヒクヴァゼのサルフィ村での録音をもとにトビリシ音楽院の協力で筆者が採譜

《私の心は恋焦がれる Guris Modzin Ma Dachkhiri》

アチャラ地方サルフィ村

私の心は恋焦がれる

美しい娘よ、お前のせいで

お前以外に、素晴らしい娘はどこにもいない

お前は私のものさ

現在もサルフィの人々のあいだで歌われるこの歌は、以下でも視聴

できる。

▶ https://www.youtube.com/watch?v=vo3C7aFjGhw
イリヤ・チャフチャヴァゼ大学の合唱サークルの演奏

サメグレロ地方

黒海沿岸のサメグレロ地方にもさまざまな三部合唱が伝わる。グリア地方でも歌われる《ヴァフタングリ Vakhtanguri》 楽譜13 （p. 285）といった宴席の男声三部合唱のほか、耕作の《オドイア Odoia》（p. 91）、玉蜀黍の収穫の歌《オチェシュ・フヴェイ Ochesh-Khvei》（p. 92）といった農作業にまつわる独自の歌も知られる。

メグレル語で歌われるこの地方の合唱には、かつての苦しい生活を歌った歌が多く伝わり、病苦を歌った《ああ、チョングリ Ase Chonguri》 楽譜14 （p. 287）や貧苦を歌った《チェラ Chela》 楽譜15 （p. 289） サンプル11 、嘆きの子守歌《ディドウ・ナナ Didou Nana》 サンプル12 （p. 144）といった三部合唱が知られる。こうした歌とは別に、《クチヒ・ベディネリ Kuchkhi Bedineri（幸せの足）》 楽譜16 （p. 291）と呼ばれる華やかな性格の婚礼の三部合唱も伝わる。

また、サメグレロ地方ではかつて「ラルチェミ Larchemi」というパンパイプ（複数の管をあわせた「笙」のような笛）が使われていた。五本ないし六本の葦の茎を組みあわせたこうした笛は、かつて婚礼などで盛んに演奏された。

メスヘティ地方

　南西部メスヘティ地方では、16世紀のオスマン帝国の支配など
を経て、三部合唱が衰退したと考えられてきた。しかしながら中世
に修道院が栄え、文化の中心地であったこの地域には、宴席の《ム
ラヴァルジャミエリ》 サンプル13 （p. 78）のほか、長寿の木を讃え
る歌《マムリ・ムハサオ Mamli Mukhasao》 サンプル14 （p. 105）や、
13世紀にモンゴル軍の侵入[注32]にまつわる輪舞の合唱《サムクレロ
Samkrelo》 サンプル15 （p. 181）など、カルトリ・カヘティ地方と共通
する内容をもった古い歌が伝わる。
　《マムリ・ムハサオ》などの儀礼的な性格の歌は、「最初に神を讃え
よう」といった「前奏」とともに歌いはじめられる。メスヘティ地方
のこうした歌の大部分が現在では三部合唱で歌われる。

ヘヴスレティ地方

　北東部山岳地帯のヘヴスレティ地方には、他地域のような三部合唱
は伝わらない。一方で、戦いの守護聖人ギオルギ[注33]の活躍を讃えた
輪舞の二部合唱《ペルヒスリ Perkhisuli》（p. 110）など、独自の古い
歌が残る。
　ヘヴスレティやトゥシェティなどの北東部山岳地帯の歌の旋律は下
降型の短音階に基づいている。こうした旋律のパターンは、チェチェ

注32　13世紀のグルジアには、第二代モンゴル帝国皇帝のオゴタイ・ハンに仕えたチョルマガンをはじめ
　　　とするモンゴル軍の千人隊長が押し寄せてきた。
注33　3世紀ごろにカッパドキアで生まれたとされる。キリスト教の聖人の一人で、ローマ帝国の時代の殉
　　　教者としても知られる。ドラゴン退治の伝説が残る。

ンなどの北東コーカサスの民謡にも共通する。以下は北東部山岳地帯
の典型的な旋律の例である。

譜例10　北東部山岳地帯の旋律の例
Sh・アスラニシュヴィリの民謡集（1956年）より
Aslanishvili, Shalva. Narkvevebi Kartuli Khalkhuri Simgherebis Shesakheb, Tbilisi, 1956, p. 187.

un-da mog-ts'e - ro　　ts'e-ri-li　　bnel gha-mis ma-na - to-be-lo

un-da mog-ts'e-ro　　ts'e-ri-li　　bnel gha-mis ma-na - to-be-lo

《お前に手紙を書かなければ》

トゥシェティ地方

お前に手紙を書かなければ
闇夜を照らす者よ
お前に手紙を書かなければ

　北東部山岳地帯の女性のあいだでは挽歌も歌われてきた。こうした
挽歌は、即興的な詩に基づくものであり、故人がかつて跨がった馬や
農具、武器などの遺品とともに歌われることもあった。ヘヴスレティ
地方の古い挽歌では、女性の独唱によって故人を弔う歌詞が歌われ
たあと、「モクヴィティネ Mokvitine」と呼ばれる複数の「泣き女」が
「ヘェ、エェェ」といった「むせび泣き」で応じ、葬儀を「盛りあげ
る」役割を果たした。
　このほか、ヘヴスレティ地方には《ムティブルリ Mtibluri》と呼ば
れる男声の独唱による草刈りの歌も伝わる。「八月の末から草を刈っ
ていた、男には腕力が必要だ」といった歌詞で歌われるこの歌は、歌

詞の内容はまったく異なるが、同じ形式（歌詞の区切りとなる一行が九ないし十音節からなる）の詩をもつ挽歌と同一の起源をもつと考えられている。

プシャヴィ地方

　ヘヴスレティ地方に隣接するプシャヴィ地方には二部合唱が伝わる。特に《十字架の前で Jvaris Tsinasa》（p. 121）と呼ばれる婚礼の男声二部合唱が有名で、短音階に基づく下降形の旋律で歌われる。こうした二部合唱の旋律のパターンは、この地方の民謡に多く見られる。

譜例 11　《十字架の前で》
Sh・ムシュヴェリゼの採譜（Mshvelidze, 1929 年）より
Chkhikvadze, Grigol. Kartuli Khalkhuri Simghera, Tbilisi, 1960, p. 48 に収録。

　現在も歌われるこの歌は、以下で視聴可能だ。
▶ https://www.youtube.com/watch?v=RrfZhwAXX4s
　男声合唱団「プホヴィ」による

　またプシャヴィ地方は、「カピア Kapia」とよばれる即興詩の競演が盛んにおこなわれてきたことで知られる。パンドゥリの伴奏で歌われることもあるこうした即興詩は、たとえば「嫁さんと愛人、どっちがいいか？」という問いかけに対し「嫁さんがいい、愛人は機嫌を取

る必要があるだろう、嫁さんのほうが気楽さ」といった、多くは夫婦関係などの日常をアイロニーに富んだ冗談とともに歌ったものである。ちなみに、「愛人」というのは、この地方にかつて存在した思春期以降の男女に広まる習慣で、婚姻関係にはないが、近い関係にあり、時に寝起きをともにする異性を指す。「ツァツロバ Tsatsloba」と呼ばれるこうした風習は、プシャヴィなどの山岳民のあいだで、攻め入る敵から女性を守るために存在したとも考えられている。

トゥシェティ地方

　トゥシェティ地方には、さまざまな儀礼歌が伝わる。特に七月の豊穣祈願の祭でおこなわれる塔型に組んだ人たちで踊る輪舞「コルベゲラ Korbeghela」の際に歌われる《ラシャリの歌 Lasharis Simghera》（p. 108）が有名だ。このほか、《ダラ Dala》は、この地方の英雄ゼズヴァ・ガプリンダウリ Zezva Gaprindauli を讃える歌として知られる。チェチェン語で神を意味する言葉だとされる《ダラ》は、かつて、さまざまな戦で命を落とした兵士を弔う際に歌われた挽歌であった。しかし、現在では17世紀にサファヴィー朝[注34]との戦いで活躍したガプリンダウリを讃える歌として、彼を記念した五月の祭で歌われる。《ラシャリの歌》も《ダラ》も斉唱で歌われる。

　三部合唱が盛んでないトゥシェティ地方では、ロシアから入ってきたバラライカ Balalaika[注35]のほか、「ガルモニ Garmoni」と呼ばれるアコーディオンが女性のあいだで演奏される。ロシア語で「和声」を意

注34　16世紀から18世紀に現在のイランに栄えた王朝で、カルトリ・カヘティ地方を含むコーカサス東部を支配した。
注35　三弦の撥弦楽器。三角形の共鳴胴をもつ。

味する「ガルモニ」は、19
世紀にロシアから入ってき
た楽器で、グルジア北東部
山岳地帯のほか、北コーカ
サスに広まる。トゥシェ
ティ地方のガルモニの旋律
としては、ツィプロヴァナ
と呼ばれる北東部山岳の地
域で、不幸にも川に流され
て亡くなった子どもを弔う
母の旋律《ツィプロヴァナ
Tsiplovana》 サンプル16 のほ

ガルモニ
ロシア製のものなど、さまざまなタイプのものが広まっ
ている。写真は黒鍵と白鍵からなるグルジア製のもの

か、ロシア帝国の支配に抵抗したダゲスタンの英雄シャミール[注36] を
讃える《シャミールの舞踊の旋律 Shamilis Satsekvao》 サンプル17 など
が知られる。

　詩の創作が盛んなトゥシェティ地方の人々のあいだでは、さまざま
な叙情詩がガルモニやバラライカ、パンドゥリの伴奏で歌われるほ
か、「サラムリ Salamuri」と呼ばれるかつて羊飼いのあいだに広まっ
ていた縦笛も演奏される サンプル18 。[注37] この笛は、紀元前 12 世紀ご
ろに白鳥の骨で作られたものがグルジア東部で出土したことで知ら
れ、古い起源をもつ楽器の一つだと考えられている。サラムリは、グ
ルジア東部に広まる楽器である。トゥシェティ地方のガルモニやサラ
ムリの旋律には、「ビブラート」のように、音程を細かく上下させる

注36　19 世紀にロシア帝国とその支配に抵抗する北コーカサスのイスラム教徒との間で生じたコーカサス
　　　戦争（1817-1864）を率いたダゲスタンの宗教指導者。現在も北コーカサスのイスラム教徒の精神的支
　　　柱となる。
注37　現在のトゥシェティ地方の人々は暮らしやすい平地のカヘティ地方のゼモ・アルヴァニ村などに移
　　　住しているケースが多い。ヘヴスレティやプシャヴィ地方の山岳地帯の人々も低地に移住していること
　　　が多いが、古くから伝わる独自の音楽文化は守られている。

奏法が特徴的である サンプル16 サンプル18 。

サラムリ
ミ－ファ♯－ソ－ラ－シ－ド－レなどの音階に基づく

ムティウレティ地方

　ヘヴスレティやプシャヴィ、トゥシェティなどの北東部山岳地帯とは異なり、ムティウレティ地方には三部合唱が広まっている。この地方の男声三部合唱には、草を刈る鎌を研ぐ際に歌う《ナムグルリ》など、カルトリ・カヘティ地方と共通するものもある。

　また、プシャヴィ地方のものと似た形式の婚礼の歌《ジュヴァルリ Jvaruli（十字架）》や、とりわけ、この地方に建つロミサ教会を讃える男声三部合唱《ロミスリ Lomisuri》（p. 111）が知られる。隣接するヘヴスレティ地方やプシャヴィ地方のように即興詩やパンドゥリやガルモニによる弾き語りも盛んである。

モヘヴィ地方

　北オセチアと接するモヘヴィ地方では、隣接するムティウレティ地方と同様に、三部合唱が歌われる。この地方からロシア領北オセチアのウラジカフカスに抜ける「軍用道路」と呼ばれる、古くから存在する東西交易の道を通じて、三部合唱が盛んなカルトリ・カヘティ地方と交流をもってきたためだとも考えられている。

　モヘヴィ地方の三部合唱として、婚礼の歌《ジョルリ Joruli（十字架）》のほか、ゲルゲティ村の教会にまつわる豊作祈願の輪舞の歌《ゲルゲトゥラ Gergetula》（p. 110）が知られる。この地方の三部合唱の多くは、隣接するムティウレティと同様に、比較的狭い音域で、山々に響き渡るような力強い声で歌われる。

2. 都市の民謡

　グルジアにはこれまで見てきたような地方の民謡のほか、トビリシ
やクタイシにも「都市の民謡」と呼ばれる独自の民謡が伝わる。交易
都市として栄えてきたこの二都市は、それぞれが東と西に位置してい
ることから、東から来る文化を受容するトビリシ、西から来る文化を
受容するクタイシと、対照的な文化が育まれてきた。ここではトビリ
シとクタイシの民謡について紹介したい。

トビリシ市

　シルク・ロード交易の中継地として栄えたトビリシの民謡は、アル
メニアやアゼルバイジャンのほか、イランやトルコなどの諸要素とグ
ルジアの要素が混ざりあった「東洋的な性格の音楽」だといわれる。
　とりわけ、グルジア、アルメニアをはじめ、中東諸国に広まる複簧
（ダブルリード）の管楽器「ドゥドゥキ Duduki」の旋律は、中世から
東西交易の中心地であり、モスクやシナゴーグ[注38]が建ち並び、さま
ざまな民族が暮らすトビリシの旧市街の風物詩として知られる。ドゥ
ドゥキの吹き口には、乾燥させた葦の茎を二枚重ねたものが用いら
れ、ここから息を絶え間なく吹き込み、持続的な音を出す。
　トビリシには、《ディリス・サアリ Dilis Saari（朝の旋律）》と呼ば
れる独自のドゥドゥキの旋律が伝わる。こうした旋律は、一日のはじ
まりを告げる役割を果たしたものであろう。このほか、グルジア東

注38　ユダヤ教徒の会堂。礼拝や結婚のほか、文化行事がおこなわれる。

部に伝わる舞踊の旋律《カルトゥ
リ Kartuli》 サンプル19 もドゥドゥ
キで演奏される。グルジアのドゥ
ドゥキは三人で演奏されること
も多い。合唱と同じように、主旋
律、副旋律、そして持続低音のバ
ニによって《イアヴ・ナナ》など
のグルジア東部の民謡の旋律を奏
でる。

ドゥドゥキ
ソ－ラ－シ♭－ド－レ－ミ♭－ファ－ソなどの
音階に基づく

　また、トビリシには、「ムハン
バズィ Mukhambazi」(p. 58) と
呼ばれる、五行連の詩に基づく、
酒宴や恋をテーマとした単旋律の
歌謡や、「バヤティ Baiati」(p. 58) と呼ばれる、四行連の詩に基づく
哀歌も伝わる。バヤティの形式に基づく歌としては、《私の両目の光
よ Ortav Tvalis Sinatlev》(p. 197) が知られる。四行詩や五行詩はペル
シア文化圏に広まる詩の形式である。

　トビリシの民謡の多くはドゥドゥキの伴奏によって独唱で歌わ
れるが、宴席歌《色鮮やかなバグダディ（スカーフ）の上で Chrel
Baghdadze》(p. 85) など、三部合唱で歌われるものもある。トビリ
シの民謡には、トルコ文化圏とその近隣で一般に「アシュグ Ashugh」
と呼ばれた吟遊詩人によって創作されてきたものが含まれる。グルジ
アやアルメニア、アゼルバイジャンなどのさまざまな出自をもったア
シュグは、東グルジアのほか、南コーカサスの主要な町で活躍した。
アルメニア人のアシュグであったサヤト・ノヴァ Sayato-Nova（生年
不明 -1795）は 18 世紀のカルトリ・カヘティ王国の王エレクレ 2 世

（在位 1762-1798）[注39] に仕えたことで知られる。その後の時代も東グルジアでは、さまざまなアシュグたちが活躍した。

　グルジア人のアシュグのなかでは、20世紀に活躍したイェティム・グルジ Ietim Gurji（1875-1940）がもっともよく知られ、《私の歌を誰がわかろう Chem Simgheras Vin Gaigebs》（p. 199）などの歌を残した。かつてアシュグが歌ったトビリシの民謡には、「ドーレー ミ♭ーファ♯ーソーラ♭ーシード」といった増二度（ミ♭ーファ♯）の進行を含む音階に基づいて歌われるものが多い。こうした音階は、中東地域の伝統音楽に特徴的なものである[注40]。

譜例12　《私の歌をだれがわかろう Chem Simgheras Vin Gaigebs》
A・ムシュヴェリゼの民謡集（1970年）より
Mshvelidze, Archil. Kartuli Kalakuri Khalkhuri Simgherebi, Tbilisi, 1970, p.117.

　この歌は以下で視聴可能。

▶ https://www.youtube.com/watch?v=2HkGrZ_eYzQ

　アンサンブル「クソヴレレビ Ksovrelebi」による

《私の歌を誰がわかろう Chem Simgheras Vin Gaigebs》

トビリシ市

私の歌を誰がわかろう

注39　イラクリ2世とも。イランの服飾や音楽文化を愛好したことでも知られる。
注40　中東地域の古典音楽の旋法に関しては、飯野りさ『アラブ古典音楽の旋法体系：アレッポの歌謡の伝統に基づく旋法名称の記号論的解釈』（スタイルノート、2017年）を参照されたい。

　何のために私は泣いているのか

　私に情けをかける者よ

　お前の不幸は私のものだ

クタイシ市

　トビリシとは対照的にイメレティ地方の中心地であるクタイシの音楽は「西洋的な性格」だと称される。中世から多くの信徒を抱えたカトリックの教会が建ち、フランスやイタリアの宣教師と交流をもってきたクタイシは、西洋音楽の受容に積極的であったといえる。特に 19 世紀以降、カトリックの教会音楽に欠かせないオルガンのほか、ギターやマンドリンも広まり、クタイシでは西洋的な和声に基づく「ロマンス歌謡」と呼ばれる新しい都市民謡が成立した。

　こうしたなか、恋歌《私の蛍よ Chemo Tsitsinatela》(p. 192) や《スリコ Suliko》(p. 194) など、現在も親しまれる三部合唱が生み出されてきた。これらの歌の歌詞は、イメレティ地方出身の詩人アカキ・ツェレテリ Akaki Tsereteli (1840-1915) [注41] の詩に基づくものである。このほか、宴席歌《ハ長調のムラヴァルジャミエリ Tseduri Mravaljamieri》も有名である。とりわけ、イメレティ出身の詩人、シャルヴァ・ダディアニ Shalva Dadiani (1874-1959) [注42] の詩による恋歌《あなた一人だけのために Mkholod Shen Erts》は、20 世紀の初頭から歌われてきたクタイシの民謡であり、グルジアでは「非公式の国歌」として位置づけられるほど、国民的人気を誇る歌である。

注41　19 世紀のグルジアで活躍した詩人。18 世紀のイメレティ王国のソロモン 1 世の血を引く。ペテルブルグ大学に留学した後、グルジアへ戻り、識字率の普及に貢献するなど近代化を進めた。

注42　イメレティ地方で生まれた劇作家で俳優。中世から西グルジアで影響力をもった貴族ダディアニ家の血を引く。

コラム 2 グルジア民謡における詩の形式

グルジアにはさまざまな詩の種類が存在する。代表的なものとして東部に広まる「シャイリ Shairi」がある。おそらくアラビア語で詩人を意味する「シャーイル Shair」に由来するものであろう。シャイリは、人々の日常を風刺した即興詩を意味し、一行が八音節からなる四行連の詩に基づくことが多い。シャイリと同じような形式をもつ即興詩として、プシャヴィ地方やヘヴスレティ地方に広まる「カピア Kapia」と呼ばれるものが知られる。カピアもシャイリと同様に、人々の生活を風刺したゆかいな即興詩である。シャイリやカピアなどの即興詩は、パンドゥリの伴奏で歌われる。

このほか、トビリシに広まる「バヤティ Baiati」や「ムハンバズィ Mukhambazi」が知られる。「バヤティ」は、一行が七音節からなる四行連の詩に基づき、吟遊詩人の愛や孤独を歌ったものである。「ムハンバズィ」は、五行連の詩に基づく、酔狂や愛をテーマとした詩である。「ムハンバズィ」は「バヤティ」のように一行あたりの音節の数は特に決められていないようだが、八音節に基づくことが多い。

「シャイリ」の一節

カルトリ・カヘティ地方、p. 164

chven mezobelsa marosa
　　　私たちの隣人のマロは
churchkhela udevs tarosa
　　　棚のなかにチュルチヘラ（菓子）をしまっている
arts tviton ch'ams arts skhvas ach'mevs
　　　自分でも食わないし、他の奴にも食べさせない
iman ar gaikharosa
　　　つまらない奴さ

「バヤティ」の一節

G・スカンダルノヴァ（1850-1917）の詩（p. 197）に基づく

vardo, shen shlas moveli,

　　薔薇よ、お前が花を咲かせるときを待っている

sit'qva makvs satkhoveli,

　　お前に伝えたい言葉がある

ek'lazed var mshtomeli

　　お前の刺に惹きつけられた私は

tskhare tsremli mdenia

　　苦い涙を溢す

「ムハンバズィ」の一節

A・オルベリアニ（1802-1869）の詩に基づく

lotebo, net'avi chveni,

　　大酒飲みたちよ、

dghes mogvetsa shveba lkhena

　　今日という日に、宴が開けたらなあ

ragind zamtari qinamdes,

　　しかし冬は寒さを増すだろう

tumts qvavits veghar prinamdes,

　　カラスすらもはや飛ぶこともできないが

ver shegvashinos sitsivem,

　　寒さは我々を脅かすことはできない

※太字は音節の区切りとなる母音

コラム 3 グルジアの楽器

　グルジア民謡の伴奏にはさまざまな楽器が用いられる。

　代表的なものは三弦の撥弦楽器パンドゥリ（p. 35 写真参照）である。東部のカルトリ・カヘティ地方や北東部山岳地帯に広まるパンドゥリは、「シャイリ」などの「ふざけ歌」の伴奏に用いられることが多い。北東部山岳地帯では、単独で演奏されるほか、叙情歌の伴奏に用いられる。パンドゥリに似た三弦の撥弦楽器はコーカサス各地にも見られ、チェチェンの「デチグ・ポンダル Dechig-Pondar」などが知られる。

　四弦のチョングリ（p. 43 写真参照）はイメレティ、グリア、サメグレロ、アチャラなどのグルジア西部に広がっており、叙情歌や恋歌、歴史的できごとを歌った歌、生活苦や病苦を歌った歌など、さまざまな歌の伴奏に用いられる。チョングリは、低い音から数えて三本目の弦だけが短く、途中から出ている。この弦は「ジリ Zili」（「高い音」を意味する）と呼ばれ、もっとも高い音に調弦されていることが多く、通常は左手が触れることはなく、変わらない高さで演奏される。この高音弦の名称は、おそらくアラビア語のウードの高音弦の名称「ズィール Zir」に由来するものであろう。アゼルバイジャンでは、チョングリと同系統の「チョグル Chogur」と呼ばれるリュート型の撥弦楽器が演奏されるが、その音はグルジアのチョングリとは異なっており、トルコの撥弦楽器「サズ Saz」に近い響きをもつ。

　スヴァネティ地方やラチャ地方などの北西山岳に広まる、チュニリ（p. 40 写真参照）またはチアヌリ Chianuri（スヴァネティ以外の地域での呼び名）と呼ばれる三弦の擦弦楽器は、かつては死者を弔う際に演奏された。チュニリあるいはチアヌリの語源をめぐっては、黒海沿岸のラズ人の楽器に由来するという説がある。ラズ人の間では、ケメンチェ Kemenche あるいはチリリ Chilili と呼ばれる小型の擦弦楽器が伝わる。ラズ人は古くはチャン Chan という名称でも知られるが、チュニリ、あるいはチアヌリというグルジアの擦弦楽器の名称は「チャン人の」という形容詞である「Chanuri」が訛ったものである可能性がある。小型のフィドルはアブハジアやアディゲでも演奏され、古くから黒海沿岸に広まっていた可能性がある。これら

の楽器は、スヴァネティ地方の《おお、ソザルとツィオクよ Oi Diashu Sozar Tsiok》（p. 155）など死者を弔う性格の民謡の伴奏に用いられることが多く、何らかの霊的な信仰と結びついてきたことが考えられる。

ラズ人の楽器　チリリ

　また、スヴァネティ地方の小型のハープ、チャンギ（p. 40 写真参照）は、ササン朝ペルシアの浮彫にその存在が確認されることが指摘される[注1]。このハープを演奏する習慣は中東地域では廃れたが、グルジアでは現在もチュニリとともに弔い歌の伴奏に用いられる。

　管楽器としては、木製の縦笛サラムリ（p. 52 写真参照）のほか、複数のダンチク（葦をさらに太くした植物）の茎をあわせたラルチェミ（グリアではソイナリと呼ばれる）が知られる。この笛は、各々の管が音の高さに応じて、「クリマンチュリ」や「モザヒリ」、「バニ」などの合唱の声部と共通する名称をもっている。

　また、ズルナやドゥドゥキ（p. 55 写真参照）のような葦の茎を二枚重ねたものを吹き口に用いた複簧（ふくこう）（ダブルリード）の管楽器もグルジア東部に広まる。こうした楽器は、中東地域を中心に世界各地に見られるものであり、日本のチャルメラもその仲間である。

　このほか、グルジアではバグパイプも広まる。アチャラ地方のバグパイプ「チボニ」（p. 44 写真参照）は舞踊の伴奏に用いられるが、ラチャ地方のバグパイプ「グダストヴィリ」は風刺的な内容の歌の伴奏に用いられる。20 世紀のグルジアで活躍した民俗学者 A・ツァナヴァによると、ラチャ地方のオニ地区を拠点に活動したバグパイプの演奏家のなかには、グルジア

注1　チャンギ（チャング）などのササン朝の楽器の浮彫に関しては、柘植元一「ターゲ・ボスターン摩崖浮彫に描かれたササン朝ペルシアの楽器」『東洋音楽研究』76 号（2011）、116-136 頁で解説される。

ユダヤ教徒のシナゴーグ
——メスヘティ地方のアハルツィへ

語のほかに、メグレル語やオセット語、アブハズ語、アルメニア語、アゼルバイジャン語などに通じ、南北コーカサス各地を放浪し、さまざまな言語で歌っていた者も含まれたという。彼らは風刺的な歌で人々を楽しませたほか、婚礼を取り仕切るうえでも欠かせない存在であった。こうしたバグパイプの職業演奏家の実態についてはよくわかっていないが、シナゴーグが建つラチャ地方のオニ地区は、かつてユダヤ人が多く暮らした場所であり、彼らの伝統は、こうした歴史的・文化的背景と無関係ではないのかもしれない。

20世紀のラチャ地方で活躍した民謡歌手シャルヴァ・ジャパリゼのバグパイプによる《嫁さんよ Patara Rdalo》(p. 163) は以下で視聴可能だ。
▶ https://www.youtube.com/watch?v=HuE7bdO1CW8

同様にジャパリゼの《婚礼の祈り Sakortsino Dalotsva》(p. 122) は以下で視聴できる。
▶ https://www.youtube.com/watch?v=LG1IhblFqP0

なお、ジャパリゼ率いるラチャ地方のオニ地区のアンサンブルは、1987年にロシア（ソ連）のメロディヤ社からレコードを出している。このレコードに収録されたラチャ民謡の一部は、現在も活動するオニ地区のアンサンブルによって歌い継がれており、以下で視聴可能である。

ラチャ民謡《葡萄は言った Kurdzenma Tkva》(p. 83)
▶ https://www.youtube.com/watch?v=50z3xIlUisU

3．北コーカサス諸民族の民謡
——グルジアとの共通性を踏まえて

　これまでグルジア各地域の民謡について概観したが、興味深いこと
に、多声部合唱のほか、パンドゥリやチアヌリなどと同系統の撥弦・
擦弦楽器、そして余興に欠かせないズルナやガルモニなどの楽器は、
印欧語やテュルク諸語などグルジア語とは異なる系統の言語を話し、
イスラム教を信仰する北コーカサス諸民族のあいだにも見られる[注43]。
　とりわけ合唱は、かつてグルジアに自治共和国として属したアブハ
ジア Abkhazia、自治州として属した南オセチア Ossetia をはじめ、ロ
シア領の北オセチア、そしてスンナ派のイスラム教徒が多く暮らす
ロシア連邦内の共和国[注44]である、アディゲ Adyghea、カラチャイ・
チェルケス Karachaevo-Cherkessia、カバルダ・バルカル Kabardino-
Balkaria、チェチェン Chechenya、イングーシ Ingushetia、ダゲスタン
Daghestan においても主要な音楽文化である。
　ここでは、北コーカサス諸民族の音楽文化について、グルジアとの
共通性を踏まえながら簡単に紹介したい。

注43　グルジアおよび北コーカサス諸民族の合唱に関しては以下の研究でも紹介される。ジョセフ・ジョ
　　　ルダーニア、森田稔訳　『人間はなぜ歌うのか？：人類の進化における「うた」の起源』アルク出版、
　　　2017 年。
注44　ロシア連邦において少数民族による自治が認められる連邦構成主体。ソ連時代は自治共和国と呼ば
　　　れた。ほかにも、自治州や自治管区などがある。

北コーカサスの民族・地域集団

アブハジア

　黒海沿岸のアブハジアではアブハズ語（北西コーカサス語族）による二部ないし三部合唱が歌われる。特に有名なものとして、ロシア語で《崖の歌 Pesnya o Skale》（アブハズ語では Akhra Iazku Asha）と呼ばれるシャルピエアツヴァとフルピエアツヴァの兄弟の悲劇を歌った男声三部合唱が知られる。

　ある日、シャルピエアツヴァは、16本に枝分かれした珍しい角をもつ鹿を追っていたら崖の淵へ来てしまった。やがて日が暮れ、家に戻れなくなった彼は、歌を歌い兄弟のフルピエアツヴァに助けを求めた。フルピエアツヴァはその歌声を聴き、崖の傍へ助けにいこうとしたが、すでに暗く難しかった。そのため彼はシャルピエアツヴァが眠っているうちに崖から落ちないように一晩中、彼を風刺したふざけた歌を歌い続けた。翌朝、二人は川を挟んで再会したが、シャルピエアツヴァには、なぜフルピエアツヴァが、彼をからかう歌を歌ってい

たのかがわからなかった。怒ったシャルピエアツヴァは、フルピエア
ツヴァを撃ち、川に突き落した。その後、シャルピエアツヴァは母か
ら、フルピエアツヴァが彼を助けるために歌を歌っていたことを知っ
た。罪の意識を感じたシャルピエアツヴァは、自らの兄弟を突き落と
した川に身を投げたという伝説に基づくものである。グルジアでも親
しまれているアブハジアの合唱の一つである。

　アブハズ人のあいだで民謡の伴奏に用いられる楽器には、グルジア
のパンドゥリに類似した撥弦楽器「アチャングル Achamgur」のほか、
スヴァネティ地方のチャンギに類似した「アユマア Ayumaa」と呼ば
れる十四弦のハープや叙事詩の語りの際に用いられる二弦の擦弦楽器
「アプハルツァ Apkhartsa」、そして「アチャルピン Acharpin」と呼ば
れる切りっぱなしの吹き口の羊飼いの縦笛がある。

アディゲおよびカラチャイ・チェルケス、カバルダ・バルカル

　北西コーカサスのアディゲでは北西コーカサス語族のアディゲ語
による二部ないし三部合唱が歌われる。複数の歌い手による持続低
音の上で独唱が繰り広げられる二部合唱が多く[注45]、英雄叙事詩『ナ
ルト Nart』の一節を歌ったものが知られる。アディゲ人のあいだ
には英雄叙事詩を歌った歌のほか、婚礼の歌や舞踊の音楽などが伝
わる。「イスラメイ Islamey」と呼ばれる男女による舞踊の旋律はア
コーディオン「アディガ・プシナ Adyga -Pshina」で演奏される。こ
うした舞踊の音楽には鳴子状の打楽器「プハツィチ Pkhatsich」の伴
奏が欠かせない。『ナルト』などの叙事詩は擦弦楽器「シチャプシナ

注45　グルジア東部のような単音によるドローンではなく、完全五度によるドローンで歌われる場合もあ
　　る。

Shichapshina」の伴奏で歌われることが多い。

　持続低音タイプの合唱は、アディゲ人と同系統の集団[注46]が暮らすカラチャイ・チェルケスとカバルダ・バルカル共和国でも歌われる。アディゲ人と同系統の集団であるキリスト教徒のカバルド Kabard 人[注47]のあいだでは、《フロメ Khurome》と呼ばれる降誕祭の合唱のほか、聖ゲオルギオスを讃える合唱も歌われる。これはグルジア人と共通する習慣である。カバルド人の舞踊として「カーファ Kafa」と呼ばれる三拍子系のリズム（打楽器「プハツィチ」のリズムのせいか二拍子にも聴こえる）に基づくものがよく知られる。13 世紀のモンゴル帝国の侵入の後、北コーカサスのカバルド人の間では、諸侯階級が栄えたが、カーファはこうしたカバルド人の栄華の時代を象徴する舞踊として位置づけられる。

　カラチャイ・チェルケスおよびカバルダ・バルカル共和国には、テュルク語系の言語を話すカラチャイ人とバルカル人も暮らすが、彼らのあいだでも、持続低音による二部合唱が歌われる。カラチャイ・バルカル人の歌として、北コーカサスに聳えるエルブルス山の美しさを讃えた民謡《ミンギ・タウ Mingi-Tau》（カラチャイ・バルカル語で「エルブルス山」という意味）が有名である。「オーライダ！」という調子のよい掛け声とともに歌われるこの歌は、北オセチアなどの北コーカサスの他地域にも伝わる。この歌の歌詞は、カラチャイ人の詩人、イスマイル・セミョンラヌイ（セミョーノフ）Ismail Semyonlany (Semyonov)（1891-1981）によるもので、ソ連期に人民芸術家として活躍したバルカル人の民謡歌手オマル・オタルラヌイ（オタロフ）Omar

---

注46　アディゲ人にはカバルドやシャプスグ Shapsug など、12 のサブエスニック集団が存在し、アディゲ共和国のほか、カラチャイ・チェルケス、カバルダ・バルカル共和国などの北コーカサスに暮らす。彼らは「チェルケス人」とも呼ばれる。また、19 世紀にロシア帝国期に追放された人々が、ヨルダンなどの中東地域にも暮らす。

注47　カバルド人の多くはスンナ派のイスラム教徒だが、北オセチアのモズドクなどに正教徒が暮らす。

Otarlany（Otarov）（1916-2002）が歌ったことで有名になったものである。

南北オセチア

　多声部合唱は、印欧語族に属するオセット語を話すオセット人のあいだでも歌われる。オセット人は古代に活躍したイラン系の遊牧騎馬民族アラン Alan 人の末裔_{まつえい}とされる。ソ連期からロシアに自治共和国として属した北オセチアでは持続低音タイプの男声二部合唱が歌われる一方で、ソ連期にグルジアに自治州として属した南オセチアでは男声三部合唱も歌われる。オセット人の合唱には叙事詩『ナルト』の登場人物をはじめ、支配者に立ち向かう英雄「チェルメン Chermen」の活躍を歌ったものや、「アフサティ Afsati」と呼ばれる狩人の守り神を讃えるものなどが知られる。アフサティの信仰はグルジアのスヴァネティにも広まっていたという。

　叙事詩はしばしば、「キシン・ファンディル Kisin-Fandir」と呼ばれる二弦ないし三弦の擦弦楽器_{さつ}の伴奏で歌われる。このほか、「ドゥアダスタノン・ファンディル Duadastanon-Fandir」というグルジアのチャンギに似た十二弦のハープや「ダラ・ファンディル Dala-Fandir」と呼ばれる三弦の撥弦楽器_{はつ}も演奏される。

　またオセット人の女性のあいだでは、小型アコーディオン「イロン（オセット人の）・カンザル・ファンディル Iron-Kandzal-Fandir」が演奏される。アコーディオンは、ステージで踊られる「シムド Simd」などの舞踊の伴奏に欠かせない。大勢の男女が整列し、小刻みに移動しながら踊る舞踊「シムド」は、オセチアの民俗舞踊を代表する華やかな性格の舞踊である。

　ロシア語で一般に「ターネツ・ス・キンジャラミ Tanets s Kinjalami（短剣の舞）」と呼ばれる舞踊もよく知られる。男性によって単独で踊られるこの舞踊は、何本もの短剣を口でくわえながら、つま先立ちでバランスを取るという曲芸的性格のもので、熟練された技術を必要とする。

チェチェンおよびイングーシ

　スンナ派のイスラム教を信仰し、ヴァイナフ Vainakh 語と呼ばれる北東コーカサス語族の言語を話すチェチェン人やイングーシ人には、さまざまな歌謡が伝わるが、なかでも《ナズム Nazm》と呼ばれる死者への祈りの歌がよく知られる。《ナズム》は持続低音を伴う二部合唱で歌われることが多い。このほか、チェチェンでは「イルリ Illi」と呼ばれる英雄叙事詩に基づく歌謡ジャンルが知られる。これらはしばしば合唱で歌われる。歌の伴奏には「デチグ・ポンダル Dechig-Pondar（木製の楽器）」と呼ばれるグルジアのパンドゥリに似た三弦の撥弦楽器が用いられる。

　楽器のみによって演奏される音楽は「ラドゥガ・イィシュ Laduga-Yish」と呼ばれ、デチグ・ポンダルのほか、小型アコーディオン「ケハト・ポンダル Kekhat-Pondar」などが用いられる。また、グルジアのチュニリに似た三弦の擦弦楽器「アトゥフ・ポンダル Atukh-Pondar」は、祈りの歌《ナズム》の伴奏に用いられることもある。擦弦楽器は北コーカサスでも何らかの霊的な信仰と結びついてきたのかもしれない。

　グルジア北東部のパンキシ渓谷に暮らすチェチェン系集団、キスト人の女性のあいだでは、《ナズム》のほか、《ノフチイン・ギム

ン Nokhtchiin Gimn（チェチェンの賛歌）》が三部合唱で歌われる。キスト人は、中世以降のさまざまな時期に北コーカサスからグルジアに移住してきた人々の末裔だとされる。キスト人のあいだでは、小型アコーディオン「ガルモニ」のほかに、バラライカが演奏される サンプル20 。多くが短音階に基づくチェチェンの民謡の旋律は、グルジアの北東部山岳地帯、とりわけ隣接するトゥシェティ地方の民謡に類似している。

　チェチェン人やイングーシ人のあいだには、ロシア語で一般に「レズギンカ Lezginka（レズギン人の踊り）」と呼ばれる八分の六拍子の舞踊の音楽が伝わる。さまざまな民謡のなかで回想されるように、レズギン人（グルジアにおいては、ダゲスタン南部のラク Lak 人やアヴァル人なども含んだ集団名）は、16世紀から19世紀にかけてダゲスタンから北東部山岳地帯をはじめとするグルジア各地に幾度となく侵入し、脅威となる存在であった。20世紀のソ連を代表する作曲家 A・ハチャトゥリアンがバレエ組曲《ガヤネ》に登場する舞曲の一つとして取り上げたことでも知られる「レズギンカ」の八分の六拍子に基づくリズムは、現在では南北コーカサスの民俗音楽に広まっており、その起源は定かではない。しかしながら、レズギン人の故郷であるダゲスタンをはじめ、チェチェンやグルジア北東部山岳地帯などのコーカサス北東部を中心に古くから広まっていた可能性が高い。八分の六拍子のリズムは、グルジア北東部山岳地帯のパンドゥリの旋律や太鼓「ドリ」のリズムのほか、キスト人やアヴァル人の撥弦楽器の旋律に特徴的である。 サンプル20 サンプル21 。

譜例13　グルジア北東部山岳地帯モヘヴィ地方のパンドゥリのリズムのパターン
D・アラキシュヴィリの民謡集（1916年）より
Arakishvili, Dmitri. Gruzinskoe Narodnoe Muzykalinoe Tvorchestvo, Moscow, 1916. p. 193.

ダゲスタン

ダゲスタンには北東コーカサス語族のアヴァル語をはじめとするさまざまな系統の言語を話す集団が暮らしている。多くの集団の音楽文化において、多声部合唱は一般的ではないが、カスピ海沿岸の低地に暮らし、テュルク語系の言語を話すクムイク Kumyk 人のあいだでは、持続低音タイプの二部合唱が歌われることが知られる。なぜ、ダゲスタンの諸民族において、クムイク人のみに合唱が伝わるのかはわからないが、クムイク人が合唱の伝統をもつカラチャイ人やバルカル人と言語的に近い関係にあるという事実は興味深い。

ダゲスタンの独唱による歌には、クムイク人の撥弦楽器「クムズ Kumuz」やアヴァル人の撥弦楽器「タンプル Tampur」の伴奏で恋人や故郷への愛を歌ったものが知られる。

二弦の撥弦楽器タンプル

「レズギンカ」などの踊りの音楽には、管楽器ズルナが用いられる。ダゲスタンからの侵入者に悩まされてきたグルジア北東部山岳地帯の

ヘヴスレティ地方には、「シャティリ（地名）にレズギン人がやってきてズルナの音を轟かせた」という言い伝えも残る。とりわけズルナは、ダゲスタンでは祝祭日の余興の「綱渡り芸」を盛りあげる際に古くから演奏されてきた。現在も古都デルベントなどでおこなわれるこうした「野外サーカス」はダゲスタンの風物詩として知られる。

　グルジア東部カルトリ・カヘティ地方の最果てに位置するショロヒ（サルソ）村には、ダゲスタンから移住してきたアヴァル人が暮らす。彼らは19世紀にアヴァル人の宗教指導者シャミールを恐れたロシアによってダゲスタンから追放された人々の末裔だとされるが、さまざまな時代に移り住んできたことも考えられる。ショロヒ村のアヴァル人の男性のあいだでは、グルジアのパンドゥリを細長くした形の二弦の撥弦楽器「タンプル」が演奏され、抒情歌の伴奏に用いられる サンプル21 。

第 2 章

民謡の歌詞とそのテーマ

── 宗教・歴史・文化など

　グルジア各地に伝わる民謡の歌詞のなかでは、古い神話的世界観を
はじめ、古き良き農村の生活や女性への愛、日常生活の教訓や知恵、
タマル女王やエレクレ2世などの諸王の活躍とモンゴルやイランやト
ルコ、北コーカサスの諸集団との戦いに象徴される民族の歴史が回想
される。民謡の歌詞からは、あらゆる時代のグルジア文化の様相を知
ることが可能である。ここでは、グルジアの各地域に伝わる民謡の歌
詞をジャンル別に紹介したい。

　グルジア民謡には、(1) 生活・風俗に関するもの（子守歌、治癒歌、
長寿歌、宴席歌など）、(2) 農業や自然に関するもの（農作業の歌、動
物や鳥、自然に関する歌）、(3) 宗教的儀礼に関するもの（古代宗教、
グルジア正教会の聖人、降誕祭・復活大祭などの年間行事）、(4) 婚礼・
婚約に関するもの、(5) 恋愛に関するもの（娘への憧れを歌ったもの、
失恋・悲恋の歌）、(6) 生活苦・一揆、嘆き・弔い、教訓を歌ったもの、
(7) 武勇・戦に関するもの、(8) 19世紀以降の創作によるものなどが
ある。

　民謡のグルジア語訳に関しては、逐語訳を心がけた。英訳や露訳が
あるものでは、それらを確認のために参考にした。しかしながら外
国語訳がないものも多く、さらに訳しにくい箇所もあり、「意訳」や
「超訳」になってしまった個所もある。そのため、何らかの誤りが含
まれる可能性も考えられるが、グルジア独自の文化や歴史を知るうえ
で興味深い内容のものも多いため掲載した。

1. 生活・風俗に関するもの

　グルジア民謡には、子守歌や、病の治療、長寿を讃える歌といっ
た、人々が健康的な生活を送るうえで欠かせない歌が多く含まれる。

子守歌

　グルジアのさまざまな地域に、《ナナ》もしくは《イアヴ・ナナ》
と呼ばれる子守歌が伝わる。子守歌には「ナナ、ナナ」といったあや
し言葉のみで歌われる単純なものから、詩的な歌詞で歌われるものま
である。カルトリ・カヘティ地方で古くから歌われてきた子守歌は次
のような歌詞で歌われる。

《イアヴ・ナナ Iav Nana》
カルトリ・カヘティ地方

菫（すみれ）よ、薔薇（ばら）よ

野に咲くかわいい花よ、小さい花よ

こんなにも心地よさそうに、無邪気そうに

何がお前を眠らせているのだろうか

母の胸のなかの、暖かい住み処（か）で

心地よさそうにしている

母の乳から小さな手を離そうとしない

眠れ、私のよい子よ

菫よ、薔薇よ、小さなカナリアよ

薔薇の花束よ

私の子守歌に耳を傾けなさい
目をあけて、よく見てみなさい、この世界を
この世界の厳しさを知るために
しかし、しばらく寝ていなさい
まだお前には早いだろう

　《イアヴ・ナナ》の「イア」は菫（すみれ）を意味し、「ナナ」はあやし言葉であるが、チェチェン語で母を意味する言葉でもある。「ナナ」はグルジアで、古代コーカサスの豊穣の女神であり、以下の治癒歌に登場する精霊「バトネビ」の母であると考えられている。

治癒歌

　《イアヴ・ナナ》は子守歌のほか、カルトリ・カヘティ地方で歌われてきた麻疹（はしか）や天然痘などの治癒歌としても知られる。治癒歌《イアヴ・ナナ》は、病をもたらす「バトネビ」と呼ばれる精霊たちを宥（なだ）める目的で歌われたものである。グルジア語で「バトネビ Batonebi」とは「旦那、主人」を意味する言葉「バトニ Batoni」（英語の Mr. のような男性への敬称）の複数形で、通常は「旦那様方」を意味する言葉であるが、病の治療の歌では、精霊たちを意味する。「菫の女神よ、薔（ば）薇（ら）の女神よ、ここにバトネビがいらっしゃったよ、さあ絨毯（じゅうたん）を敷こう」といった歌詞で歌いはじめられる治癒歌は、古くは「バトネビのおば」と呼ばれる民間療法を専門とする女性によって歌われたという。治癒歌を歌う際には、精霊「バトネビ」の怒りを鎮める目的で、菫や薔薇の花などが添えられた。同じような治癒歌は西部でも歌われ、サメグレロ地方では《イア・パトネピ Ia Patonepi》と呼ばれる

治癒歌が知られ、「菫<ruby>菫<rt>すみれ</rt></ruby>のバトネビ（精霊たち）よ、病気を治してくれ」
といった歌詞で歌われる。グリア地方の治癒歌《バトネボ》はもっと
もよく知られるものである。精霊に許しを請うこの歌は《サボディ
ショ Sabodisho》（「謝罪」の意味）とも呼ばれる。

《バトネボ Batonebo（Sabodisho）》

グリア地方　楽譜11（p. 280）

バトネビよ、怒りをおさめてくれ
怒りをおさめてくれ、バトネビよ
善良なバトネビは、菫<ruby>菫<rt>すみれ</rt></ruby>と薔薇<ruby>薔薇<rt>ばら</rt></ruby>の仲間だ

白い服を着た少年たちが、こちらへやってくる
彼らはバトネビに懇願し、バトネビに菫と薔薇を捧げ、
砂糖を塗した胡桃<ruby>胡桃<rt>くるみ</rt></ruby>に火を灯す

白い羊とヤギの群れがやってきて、
そのなかの子ヤギが一匹、ぴょんと飛び跳ね、バトネビを喜ばせ
た
そのとき、バトネビは顔色を変えた

　天然痘のことを、グルジア語で「クヴァヴィリ qvavili」というが、
クヴァヴィリは野に咲く「花」をも意味する言葉である。なぜ、花を
意味する言葉が、天然痘を指すかはわからないが、おそらくは花が散
るように、発疹が体中に広まる病状に由来するものと考えられる。
　興味深いことに日本においても、花と天然痘などの疫病との関係は
深い。日本では平安時代から、桜の散る頃に、鎮花祭と呼ばれる疫病
を鎮める祭がおこなわれてきた。この祭は、飛散する桜の花びらを四

方へ広まる疫病になぞらえ、それらを鎮める目的で行われた。グルジア人のあいだでも、花が散る際に、天然痘が広まると考えられていたのかもしれない。疫病をもたらす精霊バトネビを鎮めるために治癒歌を歌うという風習は、日本における鎮花祭のような役割を果たしてきたのであろう。

長寿歌

　長寿歌もまた、治癒歌とともに、人々の生活に欠かせないジャンルである。グルジアでは「ムラヴァルジャミエリ（長寿万歳）」と呼ばれる長寿歌がさまざまな地域で歌われる。メスヘティ地方に伝わる長寿歌は、次のような歌詞で歌われる。

《ムラヴァルジャミエリ Mravaljamieri》

メスヘティ地方　サンプル13 参照

長寿万歳、長寿万歳
我々の一人ひとりが、神の導きによって生かされているのだ
神はお前たちを生かしたまうのだ

　長寿歌では、時に、モンゴルやトルコ、イランなどの支配に象徴される艱難辛苦（かんなんしんく）のなかで父祖の地に救いを求める人々の様子も回想される。

《カヘティ地方のムラヴァルジャミエリ Kakhuri Mravaljamieri》

カルトリ・カヘティ地方

兄弟たちよ、歌うのだ

お互いの顔が見えるまで
我々の涙が枯れたならば、
黒い母なる大地を見よう
大地の慈しみの雫が
我々の心に降り注ぐだろう
優しいカヘティよ
アラザニ川を取り囲む木々よ
牧草地の鹿よ、イオリ川の岸辺の草むらよ
私はすべてを慈しむ

アラザニ川もイオリ川も東部を流れる川である。

宴席歌

長寿歌の多くは「スプラ Supra」と呼ばれる伝統的なスタイルの宴席
で歌われる。スプラは昔から男たちが集まり、絆を深めあう場である。

《我らに平和を Chven Mshvidoba》

グリア地方

我らに平和を与えたまえ
我々のゆかいな主人に平和を与えたまえ
花々に満ちた父祖の地を見ると、
その山と草原には敵が待ち受け
私の愛しい母なる大地を脅かしている
老いることのない私は、
さまざまな歴史の場面の証人である

誰も知ることはない私の運命は、

私に何をもたらし、私をどこへ連れていこうというのか

さあ、タマダに続く勝利の杯を掲げよう

若者たちよ、アラヴェルディ！

　「タマダ Tamada」は伝統的な宴席で乾杯の音頭を取る役割を指し、共同体のなかで尊敬される年配の男性が務めることが多い。歌の締めくくりの「アラヴェルディ」とは、宴席で「タマダ」に続く乾杯の言葉を述べる役割のことである。「神のお恵みを」といった意味をもつトルコから入ってきた言葉に由来するという説もある。この歌は「お前の愛する人はほかの奴を好きになったようだ」といった他愛もない歌詞で歌われる場合もある。

《アラヴェルディ Alaverdi》

グリア地方

友人たちよ、まずは祈ろう、

我々の母なる大地の勝利を

杯を空けるのだ

葡萄酒で我々を勇気づけ、大地に語りかけるのだ

母なる大地よ、復活するのだ

我々は再びその地を取り戻すのだと

母なる大地が失われることは、我々にとって絶望以外の何もので
　　もない

若者たちよ、集まれ、敵と戦うのだ

敵が何人だろうが問題ではない

戦うのだ、ためらうでない

葡萄酒を注ぎ、勝利の運命を誓おう

我々が危険を冒すならば、
幸せだったころを取り戻すことができるだろう
歌おう、アラヴェルディ！
祝杯の言葉で勇気づけるのだ

モンゴルやトルコやイランなどの外部からの侵入に悩まされたグルジアにおいて、宴席は人々が信仰を深めあう場であった。16世紀から19世紀にかけて、メスヘティ地方やアチャラ地方などの南西部はオスマン帝国の影響下にあったが、こうした状況においても、信仰を拠りどころとする人々の様子が歌われる。

《兄弟たちよ Dzmano》

メスヘティ地方

兄弟たちよ、すべての聖なる存在の加護の下にある
神の情けの下にある
聖なる魂の集まる、花が咲き乱れた庭の下にある

天使ガブリエルの言葉とともに
神は我々に嘆かわしい試練を与えた
我々を支配する敵たちが押し寄せるという

私はこの世でたくさんのことを経験し
数多くの重荷を背負った
聖母マリアよ、施しを与えたまえ
私の心に手を差し伸べたまえ

兄弟たちよ、我々は天国を見つけるのだ

良きことに満ちあふれた天国を
我々はその先導者となるのだ
この世界は蝕まれていて、嘆かわしいところだ
兄弟たちよ
生きとし生けるものの創造主である神は
あなたに導きを与えるだろう

　グルジアの宴席歌には、異民族の支配のなかで、男たちが団結し、絆を深めあう目的で歌われた儀礼的なものが多いが、時に「くだけた」宴席で、男女がともに酒を飲みながら、つかの間の恋を楽しむ様子を歌った世俗的な内容のものも知られる。

《美女たちが座っている Turpani Skhedan（Shemodzakhili)》
カルトリ・カヘティ地方

美女たちが天蓋の下に一列に並んで座っている
彼女たちの前には、野外の宴席が準備され、葡萄酒があふれている
ああ、私もお前も無邪気な奴だ
お前の気持ちに私はすっかり参ってしまった
ほかの人々はパンを食べ、葡萄酒を飲んでいるが歌を歌わない
喪に伏しているのか、歌を知らないのだろう
しかし、お前は愛しい奴だ
何がこんなにもお前を美しくしているのか

　有数の葡萄酒の産地であるカルトリ・カヘティ地方に伝わるこの宴席歌は、中間声の印象的な朗唱によって歌いはじめられ、「シェモザヒリ Shemodzakhili（導く声)」とも呼ばれる。カルトリ・カヘティ地方と並ぶ葡萄酒の産地であるラチャ地方にも世俗的な宴席歌が伝わる。

《飲め Dalie》

ラチャ地方　　楽譜 8　(p. 273)

葡萄酒を飲め、まだあるぞ

飲め、そして味わうのだ

我々の主人の葡萄酒の貯蔵庫で

思う存分、歌って楽しむがいい

さあ、杯を空けるのだ

いくら飲もうが気にするな

《こんな具合が好きなのさ Mikvars Amperad》

ラチャ地方

こんな具合が好きなのさ

宴席が開かれ、テーブルには熱々の白いパンと

焼きたての熱い肉が並び、葡萄酒があふれていて、

魅力的な娘が座っている

長寿万歳！

　キリストの血を意味し、こうした宴席に欠かせない葡萄酒の原料となる葡萄は、人々のあいだでとりわけ貴重な農作物であった。葡萄への感謝を込めた宴席歌も伝わる。

《葡萄は言った Kurdzenma Tkva》

ラチャ地方

葡萄は言った

私こそが果物だ！

果物のなかでもっとも素晴らしい

喜びと苦悩に満ちた、

人々の手によって収穫される果物だと

冬には剪定され、春には花が咲いて
房をつけ、熟し、甘くなる
娘たちによって私は収穫され
葡萄絞りの桶のなかに放り込まれる
がっしりとした少年たちが、私を足で踏みはじめる
私は押しつぶされ、瓶のなかでふつふつと音を立て、
火がないにも関わらず、ぐつぐつと沸き立ち、
やがて濾され、飲み干される運命にある

賢い人の頭から理性を奪い、その顔をまったく違う表情にさせ
ゆかいな宴席の歌、ムラヴァルジャミエリを歌わせる
長寿万歳！

　酔狂に生きる人々のゆかいな様子を歌った宴席歌はさまざまな地域
に伝わる。

《お前に葡萄酒を注ごう Gepshvat Ghvini》

サメグレロ地方

喜びとともにお前に葡萄酒を注ごう
さあ歌おう、楽しもう
お前といっしょに、タマダの乾杯の挨拶に続こう

遅くまで飲んだな
「グジュマハン」とお前を呼ぶ声がする
「家に帰れ、そこまで飲むな、死んでしまうぞ」と言っている

もちろん、飲むさ、
新しい葡萄酒も、古い葡萄酒も
赤黒い顔をした奴め
素面ならその様に気がつくだろう

木杯を再び鳴らす準備はできている
ほかの準備は、何もできていないとも
もちろん、飲もう、新しい葡萄酒も、古い葡萄酒も

　「グジュマハン」はアブハジアの男性の名前として知られる。

　地方だけでなく、トビリシの宴席歌にもよく知られたものがある。
20 世紀のグルジアを代表する画家ニコ・ピロスマニ Niko Pirosmani
（1862-1918）が描く、宴席の絵画を彷彿とさせるトビリシの宴席歌は、
トビリシの歌にしては珍しく、三部合唱で歌われるものである。

《色鮮やかなバグダディの上で Chrel Baghdadze》

トビリシ市

バグダディの上で宴を開こう
葡萄酒の入った瓶を並べよう
葡萄酒は、真面目に生きている目の黒い私を変化させ、
私に不本意な接吻を促すのだ
この、オルタチャラの緑豊かな平原に
私が用意した料理よりも、
ムトゥクヴァリ川の新鮮な魚を捕まえてきたほうが、なんとよい
　　ことだろうか

私のアムカリの仲間をすべて集めて

　　我々のために祈らせるのだ
　　正直な言葉はすべてに勝る
　　エフレムヴェルディは信じないのさ

　　バグダディの上で宴を開こう
　　葡萄酒の入った瓶を並べよう
　　葡萄酒は私の黒い目を変化させ
　　結婚の日まで私に不本意な接吻を促すのだ

　「バグダディ Baghdadi」とはスカーフのことであるが、その名のとおり、中世から交易都市として栄えてきた現在のイラクの首都バグダードをも意味し、このスカーフが、中東地域からグルジアに入ってきたことを物語る。

　「オルタチャラ Ortachala」はトビリシの旧市街にあるムトゥクヴァリ川付近の地名で、トルコ語で「中心」を意味する「オルタ orta」と、グルジア語で「河川付近の低地」を意味する「チャラ chala」があわさったものである。画家ピロスマニが残した絵画『オルタチャラの美女』でも知られる。ムトゥクヴァリ川はクラ川というロシア語の名称でも知られるグルジアを流れる大河である。コーカサス山脈からトビリシを通り、アゼルバイジャンを経て、カスピ海に注ぐ。

　「アムカリ Amkari」はかつてトビリシに存在した手工業に従事する職人の組合である。かつてのトビリシには、革職人や靴職人などのほか、管楽器のズルナやドゥドゥキの製作者・演奏家の「アムカリ」も存在した。

　「エフレムヴェルディ Epremverdi」は、民間医療やまじないに関する本であり、アラブ世界から入ってきたものと考えられている。

コラム 4　グルジア・ワインについて

　ユネスコの世界無形文化遺産に指定されるグルジアのワインの起源は古く、新石器時代のものと考えられる葡萄の種やワインの発酵に用いたとされる瓶が見つかっている。グルジアは世界最古のワイン発祥の地の一つであると考えられている。そのため、真偽は定かではないが、ワインを意味するグルジア語の単語「グヴィノ Ghvino」は、ラテン語でワインを意味する「Vinum」の起源となる言葉であるという説もある。人々は口をそろえて、グルジアに太古から自生するサペラヴィ種などのワインの製造に用いられるヨーロッパブドウが、シルク・ロードを通じて日本に伝わり、日本でワインの醸造に用いられるブドウ品種「甲州」として知られるようになったと語る。

　グルジアでは、古くから収穫した葡萄を、葡萄絞りの桶に皮ごと入れ、足で踏みつぶして絞り、その汁を土のなかに埋められた「クヴェヴリ Kvevri」と呼ばれる大きな瓶に入れて発酵させ、ワインを造っていた。一方でソ連時代になると、ワインの製造は工場に移った。オタール・イオセリアーニ監督の映画『ギオルゴバの月（11月）Giorgobistve』（1966、海外では『落葉 Falling Leaves』として紹介）では、ワイン生産の効率が追求されるなかで、昔ながらの製法を保ち、品質の維持に価値を置く人々の心の葛藤が描かれる。

　グルジアには五百以上の葡萄の種類があり、自家製のものを含め、さまざまな地方で独自のワインが作られるが、カヘティ地方のキンズマラウリ（赤）やツィナンダリ村のツィナンダリ（白）、ラチャ地方のフヴァンチカラ村のフヴァンチカラ（赤）などが世界的に知られる。

伝統的な葡萄酒の貯蔵庫
——カルトリ・カヘティ

コラム 5 グルジア映画のなかの民謡

　グルジア映画にはさまざまな民謡が登場する[注1]。現在、フランスで活躍するオタール・イオセリアーニ監督の自伝的作品『汽車はふたたび故郷へ』（原題は『寄る辺なき人 Chantrapas』、2010）では、冒頭の少年時代の回想部分で、アチャラ地方の民謡《ガンダガナ》の旋律が用いられており、鮮烈な印象を与えている。また祖国に戻った監督が、その変わり果てた様子を嘆き悲しむ終盤では、トゥシェティ地方のガルモニの物悲しい旋律が用いられている。

　イオセリアーニ監督の民謡へのこだわりは、初期のドキュメンタリー映画『古いグルジアの歌』（1969）からも明らかである。この作品では、スヴァネティ地方の挽歌《ザリ》、サメグレロ地方の収穫の歌《オチェシュ・フヴェイ》や貧苦の歌《チェラ》、グリア地方の《アリロ》、カルトリ・カヘティ地方の《ムラヴァルジャミエリ》などの歌とともに、牛を使った脱穀や、鎌で草を刈る様子のほか、牛車で移動する人々や、レスリング「チダオバ」に興じる古き良き農村の光景が紹介される。

　またトビリシ生まれのアルメニア人で、吟遊詩人アシュグなどのコーカサスの歌舞音曲を題材にしたセルゲイ・パラジャーノフ Sergei Parajanov（1924-1990）監督の作品にも、グルジア民謡が用いられている。グルジアの民間伝承に基づく『スラム砦の伝説 Ambavi Suramis Tsikhisa』（1984）では、人々が「ベリカオバ Berikaoba」と呼ばれる、多産豊穣を祈願した古代の仮面劇の祭で、さまざまな野生動物に扮し、「非日常」を楽しむ様子が描かれる。この作品は、東西のグルジアを横切るスラミ山脈に要塞を築く際に、人柱にされた若者の伝説に基づくものであるが、冒頭では人柱にされた息子を嘆く母の歌として、北東部山岳地帯の挽歌の旋律が用いられている。

　なお、この伝説は 19 世紀に活躍した作家・言語学者のダニエル・チョンカゼ Daniel Chonkadze（1830-1860）の影響により、19 世紀から 20

注1　グルジア映画に関しては次の著作が詳しい。はらだたけひで『グルジア映画への旅：映画の王国ジョージアの人と文化をたずねて』未知谷、2018 年。

世紀のトビリシなどの都市部に広まっていたようであるが、人柱にされた息子を嘆く母の歌という内容に反して、その曲想は意外にも明るいものであった（譜例14）。なお、チョンカゼはロシア語とオセット語の辞書を編纂したことでも知られる。

グルジア東西を横切るスラミの砦

この砦の伝説はパラジャーノフをはじめとする、さまざまな芸術家を惹きつけてきたが、映画のほか、ダヴィト・トラゼ Toradze（1922-1983）によって二幕からなるバレエ《ゴルダ Gorda》（1949）として舞台化されたことでも知られる。

譜例14《スラミの砦よ Suramis Tsikheo》の旋律
A・ムシュヴェリゼの民謡集（1970年）より

《スラミの砦よ Suramis Tsikheo》

スラミの要塞よ
やっとこさお前のところへやってきたさ

※この歌詞のあと「私の息子ズラブよ、埋まってしまったのか？」といった嘆きの
　歌詞が続いている。

イオセリアーニ監督の『古いグルジアの歌』は、以下で視聴可能である。
　　▶ https://www.youtube.com/watch?v=exqo63W1kng

2．農業・自然に関するもの

　グルジア民謡には、農作業や動植物に関するものが多い。農作業の歌としては、犂起こしや脱穀、収穫の歌が知られる。

農作業の歌

　農作業の歌には古い起源をもつと考えられるものが多い。古代の豊穣の神「オロヴェラ」に捧げられたと考えられる犂起こしの歌《オロヴェラ》もその一つである。

《オロヴェラ Orovela》

カルトリ・カヘティ地方

> 犂よ、進め、行くのだ
> 車輪よ、「バニ」を歌うのだ
> 犂刃よ、刈るのだ
> 枯草を根こそぎに
> 愛しい犂よ、歪んだ首をした犂よ
> 我々に恵みをもたらす、金の穂の生みの親である

　この歌は、《グトゥヌリ Gutnuri（犂の歌）》とも呼ばれる。なお、グルジア東部と接するアルメニア北部にも《ホロヴェル Horovel》と呼ばれ独唱によって歌われる犂起こしの歌が伝わる。畑起こしの基本となる、犂起こしや草取りといった作業にまつわる歌は多い。

《オドイア Odoia》

サメグレロ地方

ゴギア、こっちへ来い！

来年もまた、お前たちの歌声とともに、草取りをして、畑を耕す
　のだ！

　「オドイア」は掛け声を意味する。「ゴギア」は人名である。春の犁(すき)
起こしのあと、種を撒き、そして秋には穀物を刈り取った。穀物を刈
り取る際の歌も知られる。

《ナムグルリ Namgluri》

カルトリ・カヘティ地方　楽譜2 (p. 259) サンプル3

鎌よ、お前を研ぐのだ

私の鉄製の鎌よ

鎌を研ぐための砥石で

お前を研ぎ、そして掲げよう

そして私を導き、穀物を刈り取るのだ

ほらここに、金色に光り輝く穂が見える

見事な粒がそろっている

信じられないなら、来てごらん

親愛なるお前たちよ！

ああ！　速やかに手を貸すのだ、速やかに！

我々の仕事は実りのあるものだ！

さあ、皆で、いっしょに！

農夫の偉大さよ、大地よ！

農夫の右腕に栄光あれ

種をまく者のみこそが、収穫を得るのだ

　この歌は「ナムガリ」と呼ばれる穀物を刈り取る鎌に対し、豊作を祈願して歌われた歌である。「鎌」といえばソ連の国旗を連想させるため、ソ連時代に作られた歌のような印象を与えるが、20世紀初頭から歌われていた古い歌である。

鎌で穂を刈り取るカルトリ・カヘティ地方の古い光景

ほかにもさまざまな地域で収穫にまつわる歌が知られる。

《オチェシュ・フヴェイ Ochesh-Khvei》

サメグレロ地方

　畑は豊作だ

　さあ、絶え間なく手を動かすのだ

　「オチェ」は畑を意味し、「フヴェ（イ）」は豊作を意味する。この歌は玉蜀黍（とうもろこし）を収穫し、実を取り出す際に歌われた。玉蜀黍は特に西部では重要な穀物であり、玉蜀黍の粉からは、「ムチャディ Mch'adi」と

呼ばれるパンが作られる。東部でも同じような農作業の歌が知られる。

　カルトリ・カヘティ地方では、脱穀の前に、「カロ K'alo」と呼ばれる野外に設けられた脱穀場の近くで《カロスピルリ Kalospiruli（カロの脇で）》と呼ばれる歌が歌われた。かつては、牛に引かせた脱穀用の「橇」で穀物の脱穀がおこなわれた。

《カロスピルリ Kalospiruli》

カルトリ・カヘティ地方

　アララリ、アララロ
　朝のそよ風よ、村の入り口に吹いてこい
　脱穀場を乾燥させ、穀物の束を並べよう

動植物に関する歌

　温暖なグルジア西部の民謡には鳥やジャッカルなどのさまざまな野生動物が登場する。鳥の鳴き声は、合唱におけるさまざまな高さの声部に喩えられた。たとえば、ナイチンゲールとも呼ばれるサヨナキドリは中間部の高さの「ムトゥクメリ」を歌い、ツグミの仲間であるクロウタドリは、「ジリ Zili」と呼ばれる高い声を歌うという。とりわけ、さまざまな民謡に登場するクロウタドリの鳴き声は、人々の心を慰めるものとして解釈される。この鳥は、時に甲高い声をあげて縄張り争いをする闘争的な性格をもつことでも知られる。

《クロウタドリ Shavi Shashvi》

グリア地方

年老いたクロウタドリの親分が、悲しそうに歌っていた
山は雪に覆われ、どこにも飛んでいけそうにない
黒い奴よ、甲高い声で叫ぶのだ！
野生の鳥はたくさんいるぞ

　クロウタドリの歌は、サメグレロ地方でも知られる。渡り鳥である
クロウタドリは、寒い時期をサメグレロ地方やグリア地方などの黒海
沿岸で過ごすようである。

《クロウタドリ Zeskvi Ucha》

サメグレロ地方

クロウタドリよ、なぜ機嫌を損ねている
じきに春が来るだろう
またいつものように羽のある蝶を捕まえるのだ
お前の心も晴れるだろう

時には穏やかに歌うのだ
静けさとまどろみがお前を包み込むだろう
しかしながら私は知っている
お前の人生が喜びに満ちたものではないことを

さまざまな場所を見るのだ
よい時が訪れるのを信じるのだ
楽しそうに飛ぶのだ
恵みの雫がお前を包み込むのだ

　クロウタドリのほか、ムシクイと呼ばれるウグイスの仲間の鳥にまつわる滑稽な歌も伝わる。

《ムシクイ Karana》

グリア地方

　　ムシクイが畑にいる
　　よく肥えたようだ
　　私は畑へ入って、罠をしかけよう
　　私は鞍をつけた馬に跨がり
　　柵を飛び越えていこう
　　急に前方に男が来て言った
　　「私の馬とムシクイを交換しよう」と
　　ムシクイはおびえて飛んでいき、崖から落っこちた
　　「ムシクイよ、なぜ怯えている
　　誰がお前と馬を交換するというのか？」
　　太ったムシクイを屠るために、私はラチャ地方の斧を折った
　　その皮を剥ぐために、クリミアのナイフを折った
　　百リットルの脂が、あちこちからあふれ出た
　　ムシクイの足は、城の柱のようだった

　この歌はアチャラ地方でも歌われる。ムシクイのほか、オオタカといった鳥も登場する。

《ダンチクの茎に Lertsamisa Khesao》

ラチャ地方

　　ダンチクの茎に
　　オオタカが座っていた

さあ、こっちへおいで
女主人が料理の腕を振るっているぞ
お前のために大麦の入っていないハチャプリを焼いてあげよう
骨の少ない若鶏をご馳走しよう
粕のない葡萄酒を飲ませてあげよう

　ダンチク（グルジア語で「レルツァミ Lertsami」）は葦の仲間の植物であるが、さらに太い竹のような茎をもつ。女主人が得意とする「ハチャプリ」は、チーズを入れて焼いたパンであり、代表的なグルジア料理として知られる。
　鳥のほか、犬にまつわる歌も伝わる。

《黒いクルシャオよ Shavo Kurshavo》

ラチャ地方

黒い、クルシャオよ
黒い日に生まれた、黒の守り神である
飢饉が再度、我々を襲った
残された手段はもはやない
お前を食べてしまおうか
これ以上の最善の手段はない
横で寝ている犬を殺そう
私は金剛石の刀を手に取った
犬をすべて食べきることはできなかったさ
だから私は完全に罰せられることはないだろう

　ラチャ地方には、クルシャオ（耳が黒いという意味）という名の犬が、猟犬として狩りに同行した際に遭難した飼い主に対し、自分を殺

して食べてくれと訴えた伝説が伝わる。伝説によると、犬をすべて食べてしまった飼い主は、良心の呵責に苦しみ命を絶ってしまった。しかしこの歌のなかでは、飼い主は罪を免れたようである。

　猟犬のほかに、野生動物にまつわる子守歌も伝わる。

《小さなキンイロジャッカル Sisa Tura》

サメグレロ地方

　かわいい我が子よ
　揺りかごのなかでかわいい顔をして眠る
　この子の不幸は私のものだ
　毛布を取ったら
　かわいい顔がのぞいている
　太陽と月に照らされた、この子の不幸は私のものだ
　小さなキンイロジャッカルがやってくる
　私たちの庭にやってくる
　母はかわいい子を胸に抱きしめる
　眠れ、よい子よ
　目に入れても痛くない子よ

　キンイロジャッカルは、子どもや家畜を脅かす厄介な存在である一方で、どこか憎めない存在として歌われる。

　以下の歌は同じキンイロジャッカルについて歌ったものであるが、抒情的な子守歌とは異なり、小さなジャッカルについて軽快でユーモラスな曲想で歌った民謡として知られる。なお「小さな」という形容詞はメグレル語で「チチェ ch'ich'e」というが、なんとなく、日本語の「ちいさい」と響きが似ているのは興味深い。

《小さなキンイロジャッカル Chiche Tura》

サメグレロ地方

鶏小屋に何か用かい？
小さなキンイロジャッカルよ、この悪魔め！
私の鶏を食べたならば、
神はお前を見放すだろう
（番犬の黒い犬は言った）

小さなキンイロジャッカルが！
私の黒い犬よ、どこにいるの？
（女主人は叫んだ）

雌鶏と雄鶏たちが皆、
外を歩いている
鶏小屋の戸が開いているようだ
最後は近い

おかみさんよ、あんたも馬鹿な奴だ
去勢された雄鶏は食われちまった
こっちを見るなよ
笑っている場合じゃないだろう
（黒い犬は言った）

小さなキンイロジャッカルよ！
お前は、逃げられない、死ねないさ！
小さな黒い犬よ！
お前も、逃げられない、死ねないさ！

女主人はとぼとぼと道を歩く
おかみさんよ、私を咎(とが)めないでくれ
鶏はたくさんいるだろう
一羽や二羽ぐらい、いいじゃないか
俺は森のなかで、父も母もいない孤児として育った
腹を空かしてさまよっているのさ
昨日の夕方は、何も食べていない
（キンイロジャッカルは言った）

この嘘つきの黒い犬め！
近くに小さなキンイロジャッカルなんかいない
嘘で私を怒らせるな！
（女主人は言った）

　この歌の冒頭で、小さなキンイロジャッカルが鳥小屋に近づいてく
る様子を警告するのは、女主人ではなく、おそらくは番犬の黒い犬で
ある。しかし、実際に近づいてきたのは、家畜の鶏を食い荒らす大き
なジャッカルであり、冒頭で嘘をついた犬に対して、女主人が怒って
いる様子を歌っている。
　民謡のなかでは、こうした自然界の「弱肉強食」が、時にユーモラ
スな「なぞなぞ」とともに歌われる。

《ヤギが我々の葡萄(ぶどう)畑を食べた Tkham Venakhi Shegvichama》

グリア地方

おい、葡萄畑を見てみろ
誰が葡萄畑を食べた？
どうやらヤギが食べたようだ

おい、ヤギを見てみろ
何がヤギを食っちまったのか？

おい、ヤギを見てみろ
狼がヤギを食べた
狼がヤギを、ヤギが葡萄畑を食べた
おい、狼を見てみろ
何が狼を食ったって？

おい、狼を見てみろ
銃が狼を食ってしまった
銃が狼を、狼がヤギを、ヤギが葡萄畑を食べた

おい、銃を見てみろ
何が銃を食べたって？
おい、銃を見てみろ
錆が銃を食べてしまった
錆が銃を、銃が狼を、狼がヤギを、ヤギが葡萄畑を食べた

おい、錆を見てみろ
何が錆を食っちまったって
おい、錆を見てみろ
土が錆を食っちまった
土が錆を、錆が銃を
銃が狼を、狼がヤギを、ヤギが葡萄畑を食べた

おい、土を見てみろ

何が土を食べたって？
ネズミが土を食べた、土は錆を、錆は銃を、銃は狼を、
狼はヤギを、ヤギが葡萄畑を食べた

おい、ネズミを見てみろ
何がネズミを食べたって？
どうやら猫がネズミを食べたようだ
猫はネズミを、ネズミは土を
土は錆を、錆は銃を、銃は狼を、狼はヤギを、ヤギが葡萄畑を食
　べた！

　民謡のなかでは時に、さまざまな野生動物の生態が「あべこべ」な
姿で風刺される。

《狐がライオンを追いかける Misdevs Mela Lomsa》

アチャラ地方

狐がライオンを追いかけるのさ
キンイロジャッカルが狼を、小鳥が鷹を追いかけるのさ
ウズラがハイタカを追いかけるのさ
ラクダが空を観察し
野牛が智慧を導き出すのさ

熊が聖職に就くとき、
ロバは残虐行為を働くのさ
ウズラは猛禽を追いかけるのさ
そのとき、君は喜びとともに
憧れの人を見るのさ

自然界の神羅万象もまた、古くから人々を惹きつけてきた。

《朝 Dila》

グリア地方

朝の空は紺碧に輝き、太陽の光が差している

月と星の集まりは、こっそりと隠れてしまったようだ

風にそよぐ薔薇やさまざまな花が、私の周囲に広がり、生い茂っている

世界は目覚め、宴のための準備をしている

カナリアは野で甲高く鳴いている

菫は怯え、はにかみながら、しなをつくっている

岩壁の滝は菫に水しぶきをふきかけ、ふざけて大騒ぎしている

慈しみに満ちた大地は空に、

空は大地に対して、互いに美しい歌を響かせあっている

昼間は太陽が、夜は月が光を与え、

昼は夜を、夜は昼を追いかけるというのは、この世の謎だ

もし闇がなければ、明るさの価値はわからないだろう

すべての平和は、月と星が、光り輝く太陽を讃えることによってもたらされるのだ

この世界の現象は、互いに讃えあうことによって成り立っているのだ

明かりが闇を求めるように！

3．宗教的儀礼に関するもの

　グルジア民謡にはさまざまな儀礼歌がある。それらは、古代宗教に基づくもの、古代宗教とキリスト教の融合に基づくもの、降誕祭や復活大祭などのグルジア正教会の年間行事に基づくものに分類することができる。

古代宗教

　天体信仰などの古代宗教にまつわる歌は、20世紀初頭まで外部との交流がほぼなく、山々に閉ざされた北西部のスヴァネティ地方に数多く残っている。

《リレ Lile》

スヴァネティ地方 　サンプル5

　　栄光に満ちあふれた
　　太陽の神リレよ
　　金の飾りをつけて
　　金の壁に囲まれた
　　祈りの場所には草が敷き詰められ
　　あなたに捧げる牛たちは
　　手綱をつけて、首には鈴をぶらさげるのだ

　「リレ」とは太陽神の名前である。太陽などの天体信仰は古代からグルジアで盛んであったとされ、「太陽は私の母で、月は私の父、小さな

星々は私の兄弟だ」という古い喩え話も伝わる[注48]。母なる存在である太陽は、古くから子どもの誕生を祝福する存在として崇められた。

《ムゼ・シナ Mze Shina》

グリア地方

陽が家の中へ、外へ射す
太陽の光よ、家へ入ってくるのだ
男の子が生まれた
男の子の父さんは家にいない
ゆりかごを買いに町に行ったようだ
おや、ゆりかごを買って帰ってきたようだ
家に安らぎが訪れる
女たちがお前を祝福している
さあ、ゼオバを祝うのだ

　グリア地方のほかに、メスヘティ地方などにも広まるこの歌は、子どもの誕生を祝福する「ゼオバ Dzeoba」とよばれる祭で、主に母親の親族や友人の女性たちによって輪舞とともに歌われた。「ムゼ Mze」は太陽を意味し、「シン Shin」は家を意味する単語で、「シナ Shina」は太陽の光が家（Shin）のなかにある状態を意味する。この歌はゼオバの祭で、祝福を意味する太陽の光が家のなかへ射してくることを願って歌われた。
　太陽神とともに、多産豊穣の女神を崇拝する歌も古代に起源をもつものだと考えられている。

注48　父である月は男性の象徴であった。そのため戦いの守護聖人ギオルギは月に喩えられる場合もあった。古代からグルジアでは太陽を女神として崇拝する習慣が存在したと考えられている。古代における太陽神の崇拝は、世界各地に共通するものであり、日本においても天照大神が知られる。

15

《ダリは岩の上で子を産む Dala Kojas Khelghvazhale》

スヴァネティ地方

ダリは岩の上で子を産む
ダリは白い岩の上で産む
オオカミが彼女の背後で待ち構えている

「ダリ Dali」と呼ばれる多産豊穣の女神は、金色の光輝く長い髪の毛を崖の上から垂らし、狩人を誘惑したとされる。グルジアには、このような古代の神々に生贄（いけにえ）を捧げる際の歌も伝わる。

《ラジグヴァシュ Lazhgvash》

スヴァネティ地方　　楽譜9 (p.275)　サンプル6

あなたを讃えよう
金色に光り輝く
あなたに捧げる牛たちの
角は金色に光り輝いていた

「ラジグヴァシュ Lazhgvash」とは「導く者」という意味である。太陽神「リレ」や、多産豊穣の女神「ダリ」に捧げる歌であり、生贄に捧げる牛を引きながら牛飼いが歌った歌だという説もある。
　天体のほか、古くからグルジアでは、楢（なら）などの大木も信仰の対象となった。

《マムリ・ムハサオ Mamli Mukhasao》

メスヘティ地方　サンプル14

最初に神を讃えよう
それからすべての聖なる者たちを

そして神の生みの親を讃えよう
我々に神の御加護があらんことを

楢の大木が倒れそうだ
倒れそうだ、ああ倒れてしまう
楢の大木の根元には
水がなかまで流れ込む
水のなかで泳ぐ魚を捕えるのだ
よし、モーセの網をもってこよう
しかしその網さえも奪われてしまう
よし、金剛石の刀をもってこよう
その刀さえも釜茹でにされてしまう
何のためにこんな目に遭うのか
ああ、ついに灼熱の釜のなかだ
何のためにこんな目に遭うのか
おお、そよ風が吹いてきたよ
だが、そのそよ風さえも去ってしまう
何のためにこんな目に遭うのか
歯と唇のごとく支えあうのだ！

　ここではグルジアの歴史が、長寿の木である「楢の木」に喩えられている。「マムリ Mamli」は、楢の木の周囲を飛び回る「蚋」などの害虫を意味し、グルジアに侵入してきたモンゴルやトルコやイランなどの諸勢力を指す。「ムハ Mukha」は「楢の木」を意味し、コーカサス地方に自生するものは高さ三十メートルくらいに成長するようである。同じような蚋と大木の戦いに関する歌として、カルトリ・カヘティ地方の《ムムリ・ムハサ Mumli Mukhasa》も知られる。

グルジア正教会の聖人に関する歌

　4世紀以降のグルジア社会ではキリスト教の受容が進んだが、古代宗教は完全に廃れたわけではなく、キリスト教の要素と融合することによって生き延びてきたと考えられている。グルジアの儀礼歌には古代宗教とキリスト教の要素が融合した歌が多い。次に紹介する《ラザレ Lazare》は、雨乞いなどの古代からの習慣と、キリスト教の聖人崇拝が融合した歌である。「ラザロ」（グルジアでは「ラザレ」）は、新訳聖書に登場するイエス・キリストの奇跡によって死から蘇った人物である。しかしながら、グルジアでは、天候を司る神として崇められている。

《ラザレ Lazare》

カルトリ・カヘティ地方

　おお、ラザレ、ラザレよ
　空の雲を集めてくれ
　ラザレの神よ、天の雫を与えたまえ
　もう、太陽の光はいらない
　ラザレの神よ、
　大地に雫をもたらしたまえ
　日照りはもう嫌だ

　グルジアではラザレのほかに、旧約聖書のなかで生きたまま昇天したことで知られる予言者エリヤや、人々を災厄から守る東方正教会の聖人バルバラ（グルジアではバルバレ）も天候を司る神として位置づけられる。カルトリ・カヘティ地方などの東部では時に、「ゴンジャ

Gonja」と呼ばれる「てるてる坊主」を大きくしたような布製の人形に、天候の回復を祈願して歌う場合もある。また、北西部のスヴァネティ地方では「クヴィリア Kviria」という神が天候を司る神として位置づけられる。こうした「雨乞い」の儀礼では、羊やヤギなどの家畜を屠^{ほふ}り、ラザレや、エリヤ、バルバレやゴンジャ、クヴィリアといった天候の「神」に生贄^{いけにえ}として捧げる場合もある。

　グルジアでは、聖人ギオルギもまた、古代信仰と結びつくなかで、崇拝されてきた。

《ラシャリの歌 Lasharis Simghera》

トゥシェティ地方

今日は誰のための祝祭日だ？
聖ギオルギのための日だ
聖ギオルギは要塞の上でベルトを締めずに馬に跨^{また}がっていた
道中にポプラの木が生えていて
その上に葡萄^{ぶどう}が美味しそうに実っていたが
罪深い男女がちぎり取ってしまった
聖ギオルギよ、もしあなたが威厳を保ちたければ、
労働力となる若者を増やしてくれ
もし、角のねじれた羊を生贄に捧げてほしければ、家畜の羊を増
　　やしてくれ
もし樽をビールで満たしたければ、麦の収穫を増やしてくれ

　この歌は、《ラシャリの歌》と呼ばれる。「ラシャリ Lashari」は人々を災厄から守るグルジアの古代宗教の神である。トゥシェティ地方などの北東部山岳地帯では、ラシャリを讃える祭「ラシャロバ Lasharoba」が毎年七月の末におこなわれる。トゥシェティ地方のラ

シャロバでは、「コルベゲラ」と呼ばれる塔型に組んだ人たちで踊る
輪舞が山間部でおこなわれ、この歌は、その際に歌われる。この「人
間の塔」の状態で山の斜面を移動し、途中で崩れたら、その年は不作
であり、崩れなかったら豊作であるとされる。

コルベゲラ

　歌の名が示すように、古くはラシャリを讃える歌であったことが考
えられるが、現在では、グルジア正教会の聖人ギオルギに村の労働力
や家畜の増加と、麦の豊作を祈願する歌詞で歌われる。ラシャリの祭
は祝祭日であり、戦いの守護聖人であるギオルギは武装しておらず、
ベルトを締めていない様子が歌われる。グルジアではポプラは生命の
木であり、葡萄は聖なる存在とみなされている。この歌では、聖なる
葡萄を盗み食いしてしまうぐらい困窮している村の人々の状況が歌わ
れる。

　キリスト教の聖人を讃える歌に、古代の輪舞の要素が結びつい
たものは多い。北東部山岳地帯のモヘヴィ地方の《ゲルゲトゥラ
Gergetula》もその一つである。この歌は、モヘヴィ地方のゲルゲティ

村の聖サメバ（三位一体）教会の庭で、かつておこなわれた塔型の輪舞「ゲルゲトゥラ」の際に歌われた。特に、八月の「マリアモバ Mariamoba」と呼ばれる聖母を讃える祭で輪舞とともに歌われたという。聖サメバ教会が建つゲルゲティ村からは五千メートル級のコーカサスの山々を臨むことができる。

《ゲルゲトゥラ Gergetula》

モヘヴィ地方

聖サメバ教会は偉大なり
空の彼方まで突き抜ける
聖サメバよ
その信徒に威厳を与える
聖サメバよ
圧縮されたナバディのごとく
聖サメバ教会は偉大なり

「ナバディ Nabadi」は山岳の羊飼いのあいだに広まるフェルト製のマントであり、羊毛をよく叩いて膨らませて水をかけ、さらに布に巻き込んで圧縮させて作る。

　北東部山岳地帯には聖ギオルギにまつわる歌が多い。ダゲスタンからの侵入者との戦いに悩まされたヘヴスレティ地方にも、戦いの守護聖人ギオルギを讃える歌が伝わる。

《ペルヒスリ Perkhisuli》

ヘヴスレティ地方

聖ギオルギは蒼く精悍な馬に跨がっていた
手には男七人分の両手と肩幅の長さの鞭を握っていた

　　その鞭で打たれた者は、炎とともに燃えあがり

　　罪を犯した者は、ナバディのごとく、叩きのめされるのだ

　「ペルヒスリ」とは輪舞「ペルフリ Perkhuli」から派生した言葉で「輪舞の歌」を意味する。歌の拍節にあわせて左右に進んでいく単純な形式の輪舞は、北東部山岳地帯のほか、スヴァネティ地方やラチャ地方などの北西山岳地帯に伝わるものであり、何らかの古代宗教の神を讃える目的で古くからおこなわれてきたものだと考えられている。聖ギオルギはまた、奇蹟をもたらす存在として讃えられる。

　《ロミスリ Lomisuri》

ムティウレティ地方

　　我々はホラサーンで戦った

　　我々はロミサの人間だ

　　かつて我々は、ここで鐘の音を聴いた

　　その鐘はジャムリのベルツィへ要塞の上にある

　　我々は先祖譲りの鍛えられた足腰をしていた

　　昼から晩まで、我々は砂まみれのジャムリにいた

　　ロミサの聖ギオルギを讃える門に鎖がかかっている

　　誰のものか皆知らない

　　女が来て、泣きながら言った

　　「この鎖は黒い髪をした私の兄弟が、

　　戦に行った際に手に入れたものだ」と

ロミサにふさわしいこの鎖は、やがて錆（さび）が食ってしまうだろう
両親を裏切った奴にふさわしい運命のごとく

　この歌は、ムティウレティ地方のロミサ村にある聖ギオルギを讃える教会の奇跡を歌ったものである。冒頭では、16世紀から18世紀にかけて東部を支配したサファヴィー朝期のイランのもとで、多くのグルジア兵士が捕虜となった様子が回想される。しかしながら、ロミサ村の聖ギオルギ教会の奇跡によって、イランのホラサーンへ連れていかれた捕虜たちが戻ってきたという。彼らがイランからもち帰ったとされる鎖は、現在もこの教会に保管される。詩中に出てくる「ジャムリ」は南オセチアのクサン渓谷の地名で、「ベルツィヘ」はジャムリの要塞の名前である。

　聖ギオルギのほか、「ミカエル」や「ガブリエル」などの大天使もまた、古代の習慣と結びつくなかで崇拝される。

《ラグシェダ Lagusheda》

スヴァネティ地方

大天使に栄光あれ
あなたのために
ねじれた角をもつ牛たちを捧げよう
崖から崖へと飛んでいく威勢のいい牛たちだ
我々に栄光を
我々に勝利を与えたまえ
神の御加護があらんことを

　「ラグシェダ」とは、スヴァン語で「神の御加護があらんことを」という意味の言葉である。スヴァネティ地方には、太陽神リレなどの

古代の神のほか、「ミカエル」や「ガブリエリル」などの大天使を讃える際にも牛を生贄に捧げる習慣が根づいてきた。

　旧約聖書に登場するイスラエルのソロモン王にまつわる歌も知られる。

《ソロモン王はおっしゃった Brdzana Solomon》

カルトリ・カヘティ地方

　ソロモン王はおっしゃった
　寡婦と孤児を救済するのだ
　盲人の目に光を与えるのだと

　紀元前950年ごろに生まれたとされるイスラエルのソロモン王は、比類のない知恵者であったことで知られ、この歌は『ソロモンの知恵』として書き記されたソロモン王の語録に基づくものである。ソロモン王はグルジア正教会の聖人の一人として位置づけられる。

キリスト教の年間行事に関する歌

　降誕祭や復活大祭などのキリスト教の年間行事にまつわる歌も各地に伝わる。「アレルヤ」が訛って《アリロ》と呼ばれる降誕祭（クリスマス）の歌は、グルジアのほぼ全域で歌われる。

《イメレティ地方のアリロ Imeruli Alilo》

イメレティ地方

　降誕祭のはじまりだ
　主は我々とともに夜を明かす

さあ新しい年がやってくる
今月の二十五日に主はお生まれになったのだ

　降誕祭の歌《アリロ》は、メグレル語やスヴァン語が話されるサメ
グレロ地方やスヴァネティ地方でも、グルジア正教会の公式の年間行
事であることを意識して、グルジア語で歌われることが多い。《アリ
ロ》はまた、イスラム教徒が多いアチャラ地方のグルジア正教徒のあ
いだでも歌われる。グルジア正教会では、ユリウス暦の一月七日に
クリスマスを祝う。クリスマスの前夜に、《アリロ》の歌い手たちは
家々をめぐり、家の主人から命の象徴である卵などの贈りものを貰う
こともあった。この習慣は四月の復活大祭と共通するものである。

《アリロ Alilo》

カルトリ・カヘティ地方

十二月二十五日に、主はお生まれになった
新しい年がやってくる
降誕祭の夜が明けていく
アラタサ、バラタサ
さあ、籠をもっていこう
大きな卵を一つ私にくれたなら
神はあなたに祝福を与えるだろう

　《アリロ》には、「アラタサ、バラタサ alatasa, balatasa」といった、
現在では意味のわからない歌詞も登場する。この歌詞は、復活大祭の
歌《チョナ》と共通するものであり、《アリロ》と《チョナ》は古代
宗教の何らかの祭に同一の起源をもつ歌であると考えられている。

《チョナ Chona》

カルトリ・カヘティ地方

私はチョナを歌ったが、
よい収穫はもたらされなかった
アラタサ、バラタサ
さあ、籠をもっていこう
お嬢さんよ、卵を一つ我々におくれ
神はあなたに恵みをもたらすだろう
主よ、この家に祝福を与えたまえ

　《チョナ》は、春の大断食のあとにおこなわれる復活大祭で、豊作
のほか、家内安全を祈願して歌われる。断食のあいだは肉や卵のほ
か、乳製品や酒類を口にしないが、この《チョナ》の歌とともに、肉
や酒を楽しむ。

羊の群れ

——カルトリ・カヘティ地方

コラム 6 グルジアの神話について

　古代グルジアの神として、海や大地の創造主であり、あらゆる神羅万象を司る神「グメルティ Ghmerti」がもっとも尊い存在として崇められる。天空の彼方に暮らす創造主である神は、太陽のごとく光り輝く存在であり、天候を司る神「クヴィリア」を筆頭に、「ダリ」や「ラシャリ」といったさまざまな神々を生み出した[注1]。こうした神々は古い伝説が残るスヴァネティ地方やトゥシェティ地方などの山岳地帯の民謡のなかで崇められる。

　グルジアの神話には、民族の生みの親である「カルトロス」や、女神ダリの息子「アミラニ Amirani」といった英雄も登場する。ギリシア神話のプロメテウスと共通する性格の英雄アミラニは、神々から火を盗み人々にもたらした罪で、コーカサス山脈の尾根に鎖で縛りつけられたとされる。

　このほか、創造主「グメルティ」が生み出したとされる神々のなかには、「ギオルギ」や「ラザレ」、「バルバレ」といったキリスト教に由来するものも含まれる。4世紀以降のキリスト教の広まりとともに、やがて古代の創造主である神は、キリスト教の「父なる神」と同一の存在としてみなされるようになったからである。

古い民間伝承が残るスヴァネティ地方を囲む山々

注1　古代グルジアの神話に関しては、以下の文献で紹介される。片山ふえ訳『森の精：コーカサス民話集』東洋文化社、1980年。

コラム 7　グルジア正教会の年間行事について

　グルジア正教会では、他地域の正教会と共通する「降誕祭」（グルジア語では「ショバ Shoba」）や、春の大断食のあとの「復活大祭」（グルジア語では「アグドゥゴマ Aghdgoma」）をはじめとする年間行事のほかに、聖人ギオルギを讃えた「ギオルゴバ Giorgoba」が知られる。この祭は、聖ギオルギが亡くなったとされる 5 月 6 日（ユリウス暦では 4 月 23 日）と、聖人化された 11 月 23 日（ユリウス暦では 11 月 10 日）におこなわれるものである。グルジアには聖ギオルギの死後、神によってその遺体が分割され、グルジアのさまざまな地域の教会に収められたという伝説が残る。そのため、聖ギオルギを祀った教会は多い。これらの祝祭日では、グルジアに 363 あるとされる聖ギオルギを讃える教会に人々が集まり、聖ギオルギに豊作を祈願しながらワインや食事を楽しむ。

　このほか、グルジア正教会の行事としては、8 月 28 日（ユリウス暦では 8 月 15 日）におこなわれる、聖母マリアを讃える祝祭日「マリアモバ」が知られる。この日は、正教会で一般に「聖母マリアの就寝祭」と呼ばれるものであり、聖母マリアが亡くなった日を記念したものである。「マリアモバ」の前には二週間のあいだ、断食（グルジア語で「マルフヴァ Markhva」と呼ばれる）がおこなわれる。敬虔なグルジア正教徒はこの間、肉や卵、乳製品、酒類などを口にしない。そのため、断食明けの祭り当日は教会に人々が集まり、祈りを捧げるほか、家庭でもゆでた肉、卵、ワインなどの食事に蝋燭を添えて、家内安全や豊作を祈願する場合もある。

4．婚礼に関するもの

グルジア民謡には、婚礼で歌われるものも多い。

婚礼の歌

　婚礼の歌《マクルリ Makruli》は、「マカリ Makari」と呼ばれる花嫁や花婿の付添人の男たち（親戚や友人など）によって、婚姻を取り結ぶ会場の中央に入場する際に歌われる。

　多くの婚礼の歌は、花嫁の美しさを讃える歌詞とともに歌いはじめられる。

《アチャラ地方の婚礼の歌 Acharuli Makruli》

アチャラ地方

　さあ、我々は向かう、祝福のときを待ち構えながら
　美しい花嫁を迎えるのだ
　さあ、蝋燭（ろうそく）に火を灯そう
　さあ、我々のために会場を空けるのだ

　この歌はゼモ・アチャラ Zemo-Achara（Zemo〔上〕）と呼ばれるアチャラ地方の山岳部に伝わり、ゼモ・アチャラの婚礼の歌と呼ばれる場合もある。

　花嫁の美しさは時に天使に喩（たと）えられる。

《スヴァネティ地方の婚礼の歌 Svanuri Makruli》

スヴァネティ地方

美しい娘が我々のところにやってくるよ

天使のような美しい娘が

今夜、我々はきっと素晴らしいときを過ごすだろう

今夜、ここにいる男たちを皆、

神が祝福してくれるさ

花嫁はきっと我々に幸せをもたらすだろう

　花嫁の美しさは、雉などの鳥に喩えられることもある。19世紀ロシアの作家レフ・トルストイの作品では、コーカサスの人々のあいだで「鶏」を「雉」と呼ぶことも指摘されるが、実際にグルジアでは「雉」（ホホビ khokhobi）は、黒海沿岸に生息する「コルヘティの雉」と呼ばれる種を指すことが多い。

《カヘティ地方の婚礼の歌 Kakhuri Makruli》

カルトリ・カヘティ地方

さあ、我々は向かう、祝福のときを待ち構えながら

我々のところに赤い雉が、雉の声をした女がやってくる

雉は高みから飛んできたのだ

雉は我々のところに来る花嫁さ

さあ、お前たちを捕まえたさ！

　グルジアにはかつて婚礼のあと、花嫁が花婿の家に移る際に、家内安全を祈願して、新居の炉辺を回る習慣が存在した。サメグレロ地方では、炉辺を回る際に歌われた婚礼の歌《クチヒ・ベディネリ Kuchkhi Bedineri（幸せの足）》 楽譜16 （p. 291）が知られる。こうした

習慣は、カルトリ・カヘティのほか、北東部山岳地帯のヘヴスレティ
地方やプシャヴィ地方でも盛んであった。

《カルトリ地方の婚礼の歌 Kartluri Makruli》

カルトリ・カヘティ地方

さあ、我々は向かおう、祝福のときを待ち構えながら
我々のところに若く美しい花嫁がやってくる
「私は、若い花嫁よ
炉辺を回らせてほしいわ
私の花婿は若いようだわ
皆が心もとなく思うわ」

古都ムツヘタのジュヴァリ修道院

　「マクルリ」と呼ばれるもの以外にも、グルジアでは、さまざまな
婚礼の歌が歌われる。プシャヴィやモヘヴィ、ムティウレティ地方な
どの北東部山岳地帯では《十字架の前で Jvaris Tsinasa》と呼ばれる婚
礼の歌が知られる。この歌も花婿宅の炉辺を回る際に歌われたとい
う。「ジュヴァリ Jvari」とは、一般に十字架を意味する言葉だが、プ
シャヴィなどの北東部山岳地帯ではラシャリなどの古代からの神を讃
える石造りの「祠」を指す場合もある。山岳地帯では、こうした祠に
女性は近づいてはならない場合もある。

　また山岳に建造された祠の存在からも明らかなように、グルジアで
は古くから山岳は聖なる場所とみなされ、豊作祈願を目的に塔の形を
組んで踊るコルベゲラなどの輪舞がおこなわれてきた。険しい山岳を
神々が宿る聖なる場所とみなす山岳信仰は世界各地に広まるものであ
り、日本においても、無病息災を山の神に祈願する目的で登山をする
「登拝」の習慣が知られる。

《十字架の前で Jvaris Tsinasa》

プシャヴィ地方

　十字架を前に掲げ、
　花嫁は家に足を踏み入れた
　神はあなたに祝福を与えん
　天使たちも降り立った
　主よ、十字を切りたまえ
　若い花婿と花嫁は
　いっしょになった

　ラチャ地方の婚礼の歌は、時に、バグパイプ「グダストヴィリ」吹
きによって歌われた。放浪のバグパイプ吹きは、花嫁と花婿を取り結

ぶ役割を果たした。

《婚礼の祈り Sakortsino Dalotsva》

ラチャ地方

花婿たちよ、もはや悪に脅かされることはない
神の御加護があらんことを
頭から爪先まで、お前たちにおとずれるあらゆる厄を払いのけよ
　う
あらゆる危険からお前たちを守ろう
飢饉から、落石から、洪水から、
そして悪女の企みとけちな男の金の無心からお前たちを守ろう

子宝に恵まれるのだ
神は我々を繁栄させるだろう
これを祝福の祈りとしよう
長寿万歳！

婚約をめぐる歌

　若い男女の婚約にまつわる歌も伝わる。しかし、叙情的な恋歌ではなく、野暮な花嫁や花婿を風刺したこっけいな内容のものが多い。常軌を逸した花嫁にまつわる「ぼやき歌」はその代表的なものである。

《カヘティ地方のシャイリ Kakhuri Shairi（Lale）》

カルトリ・カヘティ地方

兄が胸元をつかんで「嫁を連れてこい」と私に言った

嫁を探しに青い馬に跨がって出かけた
未来の義理の母となる女が、私を見つけて馬勒^{注49}を手でつかみ、
まるで熊の子みたいに私を乱暴に家のなかに投げ入れた
彼女は私をおびき寄せ、黒い悪魔のような女を私に紹介した
私は三つのベルトをその女に買った
三つの薔薇色のベルトは、すべてその女には短かった
まるで大きな籠のような腰だ
女を馬に乗せたが、馬は腰を痛めた
女を熊の子のように私の家のなかに投げ入れたところ
私の三人の姉たちは呆気にとられた
私の母さんも呆気にとられたので、
窓から女を投げ捨てる準備ができた
女の腰が窓に引っかかったので、
三人の屈強な姉たちが私に力を貸した
私の肩には埃だけが残った

花嫁のほか、野暮な花婿を風刺した歌も伝わる。

《チャグナ Chaguna》

サメグレロ地方

チャグが今夜やってくる
着飾ったチャグがやってくる
この私、ヴェラの夫として選んだチャグが
九つの山を越えてやってくる

注49　馬の口の隙間に棒を通し、手綱をつけるための道具。

神様、チャグが私の夫となる日をどうか守って
私はどうやってチャグを驚かせ、どうやってチャグの
視界を覆ってしまおうかしら

そこへ、広い肩幅と細い腰をした、
またとない美しい体つきをしたタリエルが、冷やかしにきて言った
「友人たちを集めたかい？　きっと努力しても来ないんだろう
チャグは忌々（いまいま）しい奴で、お前もそうさ、二人そろって笑いもの
　だ！」と

何てことを言うのか、チャグはきっとやってくる
方々を見てみなさい
チャグは肩に何を下げてこっちへやってくるのか？
私たちは楽しく会い、喜びに満ちあふれるだろう
けたたましい様子で、チャグはやってくる
毛糸のズボンを履いて、
足にサンダルを履いて、背中に頭陀袋をさげて
フェルトの帽子を被って

　「チャグナ」という愛称で呼ばれる野暮な花婿「チャグ」を歌った
歌である。フェルト帽にサンダルという、そのいでたちからして、
チャグはまれに見る野暮な青年だったといえる。しかしながら、九つ
の山をはるばる越えて婚約者のところへやってくる誠実な男であっ
た。彼らを馬鹿にするタリエルのような伊達男よりも、チャグのよう
な野暮だが誠実な男を選ぶべきだという教訓を歌っているのかもしれ
ない。

コラム8 グルジアの結婚式について

　伝統的な結婚式では、花嫁はベールと伝統的なロングドレス「カルトゥリ・カバ Kartuli K'aba」を、花婿は弾丸コート「チョハ」を身にまとう。グルジア正教徒の場合、婚姻を取り結ぶ司祭がいるところまで「マカリ」と呼ばれる親戚や友人たちが、花嫁の美しさを讃える《マクルリ》などの歌を歌いながら付き添う。この間、親戚や友人たちは、花嫁と花婿の通り道に「厄払い」のための短剣や、「永遠」の象徴である緑の葉のツゲの枝を高く掲げ、彼らをくぐらせる。婚姻を無事に取り結んだあとは、盛大な宴席が開かれ、花嫁と花婿が「カルトゥリ」などの舞踊を披露することも多い。

　以下では、グルジアの伝統的な婚礼についてのニュース映像が視聴できる。

　　フランスからの花婿を迎えて
　　▶ https://www.youtube.com/watch?v=cbDntflNVtA

かつては嫁入り道具だった羊毛製カーペット（トゥシェティ地方の伝統的な文様）

コラム 9 グルジアの舞踊について

　グルジアにはさまざまな舞踊がある。もっとも一般的なものは、「ペルフリ Perkhuli」と呼ばれる輪舞で、歌の拍節にあわせて左右交互に回っていく。このような輪舞は、北西部のスヴァネティやラチャなどの地域では男女混合でおこなわれることもあり、古くから神や英雄を讃える目的でおこなわれてきたものだと考えられている。英雄を讃えるスヴァネティ地方の歌《カンサヴ・キピアネ》楽譜10（p. 277）も、こうした輪舞とともに歌われることが多い。また、大規模な人数によるペルフリでは、歌や踊りの盛りあがりとともに、一人ないし二人の踊り手が、手を腰に添えて「つま先立ち」の技を披露する。

　円陣を組んだ人の肩の上に人が乗って塔の形に組んだ人たちで踊る輪舞もさまざまな地域に見られ、トゥシェティ地方の「コルベゲラ」（p. 109 写真参照）やモヘヴィ地方の「ゲルゲトゥラ」、メスヘティ地方の「サムクレロ」などが有名だ。こうした輪舞は、古くから神に豊作や戦の勝利を祈願する目的でおこなわれてきたもので、オセット人のあいだにも広まる。

　また、アチャラ地方には「ガンダガナ」という男性による舞踊もある。「横に（ガンダガナ）」という言葉のとおり、ガンダガナは、隊列を組んだ複数の踊り手がまず横に進んでいく舞踊だ。その後一人の踊り手が前に出て、少し前かがみの姿勢で、バグパイプ「チボニ」や太鼓のリズムにあわせて足を小刻みにおどけた様子で動かす踊りを披露する。ガンダガナは、都市部の国立歌舞団では男女混合の舞踊として上演されるが、もともとはアチャラ地方の男性のあいだで踊られる、日本の「ドジョウすくい」に似た、ふざけた性格の踊りであったことが考えられる。

　このほか、グルジアには「カルトゥリ Kartuli（グルジア風の）」と呼ばれる男女二人によって踊られる舞踊が知られる。この舞踊は婚礼で踊られることも多い。まず、男性が足を俊敏に動かし、「足さばき」を披露しながら女性へ近づく。その後、男女はともに手を横に伸ばし、地面を滑るように優美に進んでいく。至近距離にあっても決して触れあうことは

ない。この舞踊は 20 世紀ごろまで、「レクリ Lekuri」（レズギン人風の）という名で呼ばれていたため、グルジアに繰り返し侵入してきたダゲスタン系の諸集団によってもたらされた可能性も否定できない。

　「カルトゥリ」と同じようなタイプの舞踊は、北コーカサス諸民族のあいだにも見られ、南北オセット人の「ジルガ・カフト Zilga-Kaft」および「ホンガ・カフト Honga-Kaft」（「Kaft」は舞踊の意味）、アディゲ人の「イスラメイ」および「カーファ」、チェチェン人の「ロヴザル Lovzar」などが知られる[注1]。こうした舞踊の発祥の地をめぐっては、いろいろと謎が残るが、グルジアをはじめ、南北コーカサスに広まる、男女が手を横に伸ばして踊る、優美な性格の舞踊は、コーカサスのみならず、かつてシルク・ロード交易が栄えた地域に広く見られるものである。

　「カズベグリ Kazbeguri」（モヘヴィ地方の町カズベギの舞踊）や「ハンジュルリ Khanjluri」（短剣を用いた舞踊）と呼ばれる、跳躍や回転を駆使した男性による技巧的で華やかな舞踊も有名で、グルジアだけでなく、南北オセチアやイングーシ、チェチェン、ダゲスタンなどの北コーカサスにも広まる。ハンジュルリの踊り手は、時には床に膝をついて絶え間なく回転しながら、「ハンジャリ Khanjali」と呼ばれる短剣を次々に床に突き刺し、勇猛果敢さをアピールする。これらの舞踊の踊り手は、「パパヒ Papakhi」と呼ばれる分厚い羊毛製のコーカサス山岳の羊飼いの帽子を被ることも多い。

　南コーカサスに広まる舞踊としては、「キントウリ Kintouri」（「キンタウリ Kintauri」あるいは「シャラホ Shalakho」）と呼ばれる舞踊が知られる。かつてトビリシの旧市街の風物詩的存在であった「キント Kinto」と呼ばれる悪徳商人を風刺したこの舞踊は、バグダディと呼ばれる赤いスカーフを小道具にしたり、時に、ワインの瓶を頭に載せて、バランスを取ったりする曲芸的性格のものであり、アルメニアやアゼルバイジャンにも広まる。

注1　コーカサス諸民族の民俗舞踊に関しては以下の研究で紹介される。松本奈穂子「舞踊とアイデンティティの多様性・流動性：コーカサス系トルコ国民を中心に」前田弘毅編『多様性と可能性のコーカサス：民族紛争を超えて』2009 年、北海道大学出版会。

　20世紀以降にステージで上演されるようになったカルトゥリをはじめとするグルジアの舞踊は、「男性」あるいは「女性」のステレオタイプなジェンダーを表現したものが多い。カンヌ国際映画祭に出品された映画『ダンサー　そして私たちは踊った Da Chven Vitsekvet』（レヴァン・アキン監督、スウェーデンとの合作、2019年）は、トビリシの国立舞踊団で活躍する男性舞踊家の恋愛模様を描いたものであるが、そこで紹介される舞踊もいわゆる「男性的」なものが多い。一方、帝政期からイランやトルコなどの文化的影響のなかで踊られていたキンタウリやガンダガナなどの舞踊は、そのなめらかな動きから一種の「妖しさ」を感じさせ、合唱などの伝統的な音楽文化と比較した場合、「トランスジェンダー」などのセクシャル・マイノリティ文化との親和性が高い。そのためか、残念なことにロシアの影響下にある南オセチアなどの保守的な地域の舞踊団では、キンタウリやガンダガナなどの演目の上演をめぐってその是非が問われるという動きも生じているというのも一つの事実だ。

　このほか、グルジアでは「サマイア Samaia」と呼ばれる女性による優美な性格の舞踊が知られる。グルジア東部に起源をもち、数字の「三」を意味する言葉「サミ Sami」に由来すると考えられるこの舞踊は、その名のとおり、三人組で踊られることが多く、踊り手は、中世期にタマル女王が着ていたとされる伝統的な衣装を身にまとう。「サマイア」は20世紀初頭のグルジアのオペラ《アベサロムとエテリ Abesalom da Eteri》（コラム13参照）にも登場する。なお、この舞踊の起源をめぐっては、女性だけでなく、かつては男女によって輪舞の形式

民俗舞踊で用いられることもあるフェルト製マント「ナバディ」
——トゥシェティ地方

で踊られたなどの諸説がある。

　現在、「ハンジュルリ」や「キントウリ」、「サマイア」をはじめとするさまざまな舞踊は「スヒシュヴィリ Sukhishvili」などの主要な国立舞踊団の演目になっている。こうした民俗舞踊の多様性からも明らかなように、「舞踊大国グルジア」からは、ヴァフタング・チャブキアニ Chabukiani（1910-1992）をはじめ、作曲家のメリトン・バランチヴァゼ Balanchivadze（1862-1937）を父にもち、20 世紀にアメリカで活躍した現代舞踊の振付師、ジョージ・バランシン Balanchine（1904-1983）、そして日本でもよく知られるニーナ（ニノ）・アナニアシュヴィリ Nina Ananiashvili（1963- ）、ニコライ（ニコロズ）・ツィスカリゼ Tsiskaridze（1973- ）など国際的に活躍するバレエダンサーを輩出してきた。

ペルフリ（スヴァネティ地方のアンサンブル「ラグシェダ」のパフォーマンス）
　　▶ https://www.youtube.com/watch?v=04tIjAzf3iI

ガンダガナ（アチャラ地方の歌舞団「ベルムハ」のパフォーマンス）
　　▶ https://www.youtube.com/watch?v=_PNhgJspNmo

カルトゥリ（「ルスタビ」のパフォーマンス）
　　▶ https://www.youtube.com/watch?v=jctwAUjfvJc

ハンジュルリ（「ルスタビ」のパフォーマンス）
　　▶ https://www.youtube.com/watch?v=sB-VtefJnLc

キントウリ（「スヒシュヴィリ」のパフォーマンス）
　　▶ https://www.youtube.com/watch?v=Gi2Set1ieZY

サマイア（「スヒシュヴィリ」のパフォーマンス）
　　▶ https://www.youtube.com/watch?v=ZED2f9s5NMo

5．恋愛に関するもの

　古くからショタ・ルスタヴェリの『豹皮の勇士』をはじめ、「ア
シュグ」と呼ばれた吟遊詩人によって世俗的な恋愛詩が創作されてき
たグルジアには、さまざまな恋歌が伝わる。恋歌には、娘への憧れを
歌ったものや見果てぬ恋の悲しみを歌ったものが多い。

娘への憧れを歌ったもの

　娘への憧れを歌った歌はさまざまな地域に伝わる。

《ヒンツカラ Khintskala》

アチャラ地方　　楽譜12　(p. 283)　サンプル8

十本の指は水晶のごとく繊細で
すんなりと細い腰つきをした
お前のリンゴ色の頬には砂糖がかかっているよ

　「ヒンツカラ」とは「葡萄の種」を意味し、葡萄の種のように小さ
い娘の愛らしさを歌っている。この歌は婚礼でも歌われる。ほかにも
若い娘の可憐な美しさを讃える歌は多い。

《黒い瞳の娘よ Gogov Shavtvala》

カルトリ・カヘティ地方　　楽譜3　(p. 262)

黒い瞳の娘よ、
たおやかな、愛しい、私のリアフヴィ川のような

少年が君にささやいた

ああ、私に小刀をくれないか

もしくは、私といっしょに来るのだ

　リアフヴィ川はコーカサス山脈から南オセチアのツヒンヴァリを経てカルトリ地方のゴリを流れる川であり、楚々とした若い娘の美しさをその清流に喩えている。小刀で自らの命を絶ってしまいたくなるほどの娘への憧れ、恋の苦しみが軽やかな旋律とともに歌われる。恋の懊悩を歌った歌は多い。

《小さな愛しい人よ Patara Sakvarelo》

グリア地方

小さな愛しい人よ、

なぜ、私の心を痛めつける

鳥かごのなかで育った五月のサヨナキドリよ

私のそばにいる者よ

私を殺す者よ、私の炎よ

私の心に火をつける者よ

どうやってお前を飼いならそうか

　グリア地方では 20 世紀の初頭から数々の恋歌が歌われてきた。

　次の軽快な恋歌は、作曲家コテ・ポツフヴェラシュヴィリ Kote Potskhverashvili（1889-1959）[注50] の編曲で一躍有名になった。

注50　ソ連時代に活躍した作曲家。独立後のグルジア（1918-1921、1991-2004）の国歌《ディデバ Dideba（栄光）》の作曲者として知られる。

《インディ・ミンディ Indi-Mindi》

グリア地方

真っ赤な実の色をした唇と瞳の娘よ
こっちへ飛んでくるのだ
私のぼやけた視界を明るくするのだ
私はお前の恋心を恐れないだろう
不老不死の泉のような

「インディ・ミンディ」は韻を踏んだ囃子詞で特に意味はない。永遠の恋心を歌ったユーモラスな歌はほかにも伝わる。

《旅路の歌 Imeruli Mgzavruli》

イメレティ地方

菫を摘もう、薔薇は摘まない
君に接吻しよう、ほかの人にはしない
こっそり近づいて、齧ってしまおう
永遠に君から離れないのさ

この歌は《オクリバの旅路の歌 Okribuli Mgzavruli》とも呼ばれる。オクリバとは、イメレティ地方の地名であり、この一帯で歌われていたのだろう。菫は棘のない薔薇よりも親しみやすい雰囲気をもった女性の比喩に用いられることが多い。グルジアには旅路の恋歌が多く伝わる。

《グリアへ行くけれど Mival Guriashi Mara》

グリア地方

私はグリアへ行くけれど

心だけが前へ進むよ
心は勝手に進んでいって、戻ってこなかった
あぶく銭すらもってこなかった

私のたった一人の愛する人よ
お前はこの世に残るのだ
またすぐに会えるとも
ほったらかしにはしないとも

　この歌は、グリア地方で20世紀初頭から歌われてきたものである。
恋人への思いを歌った歌は多い。アチャラ地方では、川から流れてき
たポプラの木片に、遠く離れたところに暮らす愛する人の様子を尋ね
る様子が歌われる。

《ガンダガナ Gandagana》

アチャラ地方

水が木片を運んできた
ポプラの木を削ったものだろう
木片よ、さあ、立ちあがり、私の愛する人の様子を教えておくれ

娘さんよ、娘さんよ、陽気な娘さんよ
川岸に来なさい
瓶で水を掬^{すく}って、私に接吻するのだ

こっちの川の上流に
夕焼け色の水が流れてくる
娘さんよ、お前のほうが綺麗だね

フロの上空から鳩が来る
私の雛鳥たちの親だよ
かわいい子たちを見ると
私はバターみたいに溶けてしまう

　「フロ」はアチャラの地名である。グルジアでは、若者の美しさを
ポプラに喩（たと）えることが多いが、その木片に愛する人の姿をうかがう様
子からは、何らかの啓示的な存在とみなされていることも考えられ
る。
　男女の「掛けあい」によって歌われる次の恋歌も有名である。

《もしも娘よ、私とお前が Netavi Gogov Me da Shen》

カルトリ・カヘティ地方

もしも娘よ、私とお前が
もしも若者よ、私とあなたが
畑を共有したならば
畑を耕す鍬つきの
そして森の傍の最果ての地を手に入れたならば
私とお前は森のなかへ誘われ
土地は寂しく忘れ去られるのだ

　20世紀初頭から歌われていた、青年の娘への語りかけによって歌
いはじめられるこの歌の最後は、「美しい妻をもつ者には、見張りの
ための犬と姑が必要だ」という少し野卑な冗談で締めくくられる場合
もあった。こうした言い回しはほかの民謡にも登場する。

失恋・悲恋に関するもの

グルジアには失恋や悲恋に関する歌が多い。しかし、よく知られる旅路の失恋の歌には、他愛もない歌詞の明るい曲想のものも含まれる。

《馬乗りの歌 Tskhenosnuri》

イメレティ地方

私は黒い馬に跨<ruby>跨<rt>また</rt></ruby>がるのさ
鞍にひょいとよじ登り
チアトゥラを蹴っ飛ばし
トビリシへ来たところだ
君のことを愛していたんだが、
君は私のことをとやかく言いはじめたようだ

イメレティ地方の町、チアトゥラは、かつてマンガンの産地としても知られた。恋人に愛想をつかされた青年の苦悩を歌ったものだ。

比較的明るい曲想の次の歌もよく知られる。

《ナニナ Nanina》

グリア地方

恋人よ、今、気がついた
君がもはや、私に愛想をつかしていることを
神に見放されたかのような表情で、なぜ機嫌を損ねている？
一つ理由を聞かせておくれ
私はどこへ行こうと、お前のことを考える

そのことが、私の心を殺し、痛めつけるとしても

君は私を殺すのか、生かすのか、

それとも、この拷問から私を解放するのか

通りすがりの娘に対する、儚（はかな）い恋を歌った歌も伝わる。

《ツィンツカロ Tsintskaro（泉の前で)》

カルトリ・カヘティ地方　　楽譜5　(p. 267)

私は泉の前にやってきた

私の前に美しい娘が現れた

水瓶を肩に載せた

言葉をかけたら、そっぽを向かれた

彼女は怒って脇へそれた

「泉の前で」を意味する「ツィンツカロ」カルトリ地方に存在する地名であるが、この地で起きたできごとではなく、グルジア東部のどこかの泉の前で起きたできごとを歌った歌であろう。水汲みはかつて女性の仕事であり、泉のほとりは、女性と出会う貴重な場であった。

儚い恋は川を下る筏師（いかだし）によっても歌われた。

《舟歌 Metivuri》

カルトリ・カヘティ地方

お嬢さん

なんと美しく頭を覆っているのか

しかしあなたは私の心を苦しめ

ほかの奴を喜ばせるようだ

ああ、私は希望を失った

妙齢のお嬢さんよ

川の流れが私の頭を飾っていたチキラを取ってしまったわ
貴族の暮らしが好きだった
帽子を横っちょに被って、町へふらっと出かけ
チダオバを見物するのよ

　20 世紀初頭には、カルトリ地方からムトゥクヴァリ（クラ）川を通じてトビリシへ向かう筏が盛んに出ており、こうした筏師の口説き歌も伝わる。古式レスリング「チダオバ」の見物が趣味だった、没落した貴族の娘を思わせる女性が身につけていた「チキラ Chikila」は女性の頭を覆うベールのような飾り布である。こうした伝統的な装いの女性は、古くから伝わる恋歌にたびたび登場する。

《ラレ Lale》
カルトリ・カヘティ地方

空の星々を長いあいだ、観察していた
一つの星を君に喩えた
かわいい女よ、媚びたような微笑みで、美しく輝く
君から目を離さないのさ
月は空の上を漂う
私の心は燃え尽きたのさ
これまでの日々を返してくれ
君は、私を置いて、どこに行くのだ
君は私に苦しみをもたらす存在だ
君を失った私はやがて消えてなくなってしまうだろう
私のところへ来て、私を慈しんでくれ

ああ、私はおかしくなってしまった

しかし女よ、私は知っている

君が私の代わりの男を見つけたことを

チフティコピとレチャキで頭を覆って、君はすぐさま私を裏切った

巻き毛の優雅な雰囲気の若い男が、すぐに君の虜になった

なんということだ

君は彼のために唇さえ捧げた

空の星々を、私はもはや観察しなかった

移ろいやすい運命の被害者である私は、こんなにも嘆き悲しんだ

「チフティコピ Chikhtikopi」はバンドのような装身具で、ベールのような飾り布「レチャキ Lechaki」を挟み、頭を覆う。こうしたベールは現在も、結婚式で花嫁が身に着けることが多い。またこのベールは、かつて男性同士の喧嘩を仲裁する際に、女性によって「降参の合図」として投げられたことでも知られる。

グルジア民謡には、不条理な理由から離れ離れにされた若い男女の悲恋を歌った歌も多い。

《バタ、行ってしまったの？ Si Koul Bata》

サメグレロ地方

バタ、行ってしまったの？

私を一人置いて？

私は囚われ、情にほだされている

私をひとりぼっちで置いて、どこへ行ったの？

私の心の炎は揺れている

私への情は消えてしまったの？

死の門が私の前に立ちはだかる

　貴方は私を守ってくれないの？

　この歌は、夫を亡くした母親に育てられた美しい娘が、バタという青年と恋仲になったが、実の母親に恋人のバタを取られてしまったという伝説に基づくものである。何らかの理由で離れ離れになってしまった男女の悲しみはさまざまな民謡のなかで歌われる。

《マハ Makha》

サメグレロ地方

　私の喜びよ
　あらゆる不幸から私を守ってくれる神のようなお前の
　私は子羊のような存在だろうか
　魂よ、私はお前の追従者だろうか
　いつもイコンの前に蝋燭を灯している私は

　たった一人の美しい人よ
　私を置いていかないでくれ
　私の傍にいて、悲しみを拾ってくれ
　私が死ぬときは、私のために泣いてくれ
　ほかの誰にも、私のために泣いてほしくない

　おお、私は死のうか？
　私のせいだ！
　おお、私は死のうか？
　私のせいだ！

　「マハ」とはサメグレロ地方で「私の喜び」を意味する言葉である

が、男女のどちらが歌っているのかはわからない。次の悲恋の歌も歌い手の性別が不明であり、さまざまな歌い手や聴き手に感情移入を促すものである。

《唯一のあなたは彼方に Aka Si Rek Isho》

サメグレロ地方

唯一のあなたは彼方に
金剛石のように輝く
あなたが病に冒されたとしても
私は、あなたのもとへ行くことができない
私の心のなかに永遠にたなびく旗であり
いつも思い浮かべるような鮮烈な存在である
ああ、私は何と、嘆かわしい！

若者が集う海水浴シーズンのサルフィ村から見えるトルコ領のモスク
——アチャラ地方

コラム 10　グルジア民謡における恋歌と詩人の創作について

　グルジアの恋歌には、サメグレロの《マハ》（p. 139）などのように歌い手の性別がわからないものもや、恋人と離れ離れになった悲しい状況を歌った歌でも、その詳しい経緯については明らかにされないものが多い。こうした歌詞は、あらゆる歌い手や聴き手に感情移入を促すものである。グルジア語には男性名詞や女性名詞といった概念がなく、さらにロシア語の過去形のように、男女によって動詞の変化のパターンが違うということはない。そのため同じ恋歌が男女両方の歌い手によってカバーされる場合もある。それゆえ、恋を歌った民謡は、現在も若い世代に人気のあるジャンルで、19世紀以降の詩人の作品を歌ったものも多い。

　19世紀に活躍したプシャヴィ地方出身の詩人、ヴァジャ・プシャヴェラ Vazha Pshavela（1861-1915）の詩『愛』（1891）の一節は、恋歌《あなたの気持ちは私を飲み込んだ Shenma Survilma Damlia》として歌い継がれている[注1]。19世紀の詩人に限らず、20世紀から現在まで、トゥシェティ地方やプシャヴィ地方などの北東部山岳地帯の人々のあいだで創作されてきたさまざまな恋愛詩が、現在も若い歌手によってパンドゥリの伴奏で歌われ、大衆から人気を集めている。

　サメグレロ地方に伝わる悲恋の歌《唯一のあなたは彼方に》（p. 140）や、前項で「婚約をめぐる歌」として紹介したこっけいな花婿を風刺した《チャグナ》（p. 123）は、スフミ出身でサメグレロ地方に出自をもつオペラ歌手ズラブ・ソトキラヴァ Zurab Sotkilava（1937-2017）によって歌われた。ソトキラヴァはこのほかにも次項で紹介する《チェラ》（p. 144）などのサメグレロ民謡の録音も残している。

　以下は、ソトキラヴァによる《唯一のあなたは彼方に》の演奏だ。
　▶ https://www.youtube.com/watch?v=2BSdtrnmE68

注1　ヴァジャ・プシャヴェラの作品の一部に関しては、日本語訳が出ている。児島康宏（訳）、はらだたけひで（挿絵）『祈り──ヴァジャ・プシャヴェラ作品集』冨山房インターナショナル、2018年。

コラム 11 グルジア語名詞の語尾について

　グルジア語には「呼格」と呼ばれる名詞の語尾が「o（オ段）」に変化する形があり、誰か（人以外も含まれる）に対して呼びかける際に用いられる。たとえば、グルジア語の日常会話や歌に頻繁に登場する「bich'i」（若者、少年）の呼格形「ビチョ bich'o」（「bich'ov」と語尾にさらに v がつく場合もある）は、「おい！」といった意味をもつ言葉で、誰か（馬などの動物や家畜も含む）を呼び止める際や、注目を促す際に頻繁に用いられ、恋歌《ツィンツカロ》［楽譜5］（p. 267）の歌詞にも登場する（この歌では特に意味がない）。また、「バトニ bat'oni」（旦那、主人）の呼格「bat'ono」は、疑問形で用いられる場合、「何ですか？」や「もう一度、言ってください」といった意味になる。

　治癒歌《バトネボ》［楽譜11］（p. 280）では、病をもたらす精霊「バトネビ bat'onebi」（bat'ono の複数形）に呼びかける際に、「バトネボ bat'onebo」と語尾が変化する。同様に《イアヴ・ナナ》では、精霊たちの母である女神「ナナ」に歌いかける際に、「イアヴ・ナノ iav-nano」（譜例5、p. 33）と呼びかける形になっている。豊作を鎌に感謝して歌う《ナムグルリ》［楽譜2］（p. 259）では、「ナムガロ namgalo（鎌よ）」という鎌への呼びかけの形がたびたび登場する。民謡のタイトルには《バトネボ》のほか、《シャヴレゴ》［楽譜1］（p. 256）、《ディアンベゴ Diambego》（p. 167）、《セデコ》（p. 180）のように、こうした呼びかけの形に由来するものも多い。

　特に人名の愛称や略称の場合、呼格の語尾の「オ」の形で終わっているものが多い。たとえば人名「ダヴィト Davit」は、略称の場合「ダト Dato」に変化する。有名な民謡のなかで歌われる人名「スリコ」や、グルジア語の国名「サカルトヴェロ」も、呼格を連想させる形である。

　なお、グルジア系の姓には、「スルハニシュヴィリ」や「ダヴィタゼ」といった語尾に特徴的な響きをもつものが多い。これらは「スルハンの子」や「ダヴィトの子」という意味であり、多くは人名の語尾に「シュ

ヴィリ」や「ゼ」という「子」を意味する単語が加わったものである。メグレル語の姓は、「Stokilava」などの「ヴァ」や「ア」の語尾で終わっているものが多く、スヴァン語の姓は、「メシュヴェリアニ Meshveliani」など「アニ」の語尾で終わっているものが多い。

　また、変わった姓としては北東部山岳ヘヴスレティ地方の「アラブリ Arabuli」(「アラブの」という意味) が知られる。こうした語尾が「ウリ」で終わる姓は北東部山岳地帯に多い。ヘヴスレティ地方には、中世期のエルサレム遠征で知られる十字軍の脱走兵がかつて移り住んだという言い伝えがあり、こうした姓は中東地域に所縁がある「十字軍の末裔」を意味しているのかもしれない。

6．生活苦・一揆、嘆き、教訓を歌ったもの

生活苦・一揆を歌ったもの

　グルジアにはさまざまな生活苦を歌った歌が残る。その多くは、地主・貴族による「年貢」の取り立てに苦しむ人々の嘆きを歌ったものである。

《ディドウ・ナナ Didou Nana（Veengara）》

サメグレロ地方　サンプル 12

　私は心が痛む、息子よ
　嘆かわしいことに、私の乳は枯れてしまってもう出ない
　お前は知っているのだろうか
　貧しい農婦の子であることを

　「ディドウ」は、嘆きの言葉である。この歌は、歌い出しの嘆きの言葉を取った《ヴェエンガラ Veengara》という名でも知られる。
　このほかにも、貧しい生活のなか、過酷な労働に勤しむ家畜を愛おしむ歌も有名である。

《チェラ Chela》

サメグレロ地方、 楽譜 15 （p. 289） サンプル 11

　こっちにチェラが、あっちにブスカが
　おお、かわいそうに

奴隷の生活に慣れきってしまって

生気と感情を失い

首をすりむいた、かわいそうな奴さ

チェラよ、水を飲みにいくのか？

夜までここに帰ってこないだろう

　チェラもブスカも牛の名前である。かつて農村では、耕作や脱穀の
ほか、収穫した穀物を運ぶ際に牛が用いられた。こうした牛たちが、
「年貢」の負担に苦しむ人々のあいだで酷使される様子は、さまざま
な歌に登場する。

《私と私の荷車 Ma do Chkimi Araba》

サメグレロ地方

私と私の荷車は悲しげな音を立てて進む

アカシアの車輪を両側につけて

あちこちに轍を残す

チェラよ、チュリアとナバダはお前が生まれ育った土地だ

何も教えることはない

さあ、私が教えたことをよく思い出して働け

こっちにチェラが、あっちにブスカが

奴隷の生活に慣れきってしまって

生気と感情を失い

首をすりむいた、かわいそうな奴さ

苦しみが私の心を襲う

私はかくも貧しい

金持ちはもち去っていく
私がこしらえた美しい轍をも

　貧しい人々の生活を支える牛を労う歌としてほかに、牛車乗りの歌
《ウルムリ》が知られる。この歌は「ウレミ Uremi」と呼ばれる牛車
に乗って塩を買いにいく際に歌われた歌である。

《ウルムリ Urmuli》

カルトリ・カヘティ地方

牛よ、進みなさい、すぐに夜明けが訪れるだろう
私はアグゼヴァンへ塩を買いにいく
真っ白い塩をもって帰ろう
帰ったらまず、母を抱きしめ、それから息子と妻を抱きしめよう

愛しい牛よ、斑点のある若い牛の母よ
お前のもとで育った若い牛たちは、塩を買いにいく

さあ、牛たちよ、行け、崖から私を落とさないように
どうか妻と子を悲しませないでおくれ

神よ、どうかもう一度、
その慈しみに満ちた瞳で私を見つめてくれ
さもないと私の喉元は閊えてしまう
妻と子に対する不憫さで

　この歌では生活苦から神に救いを求める人の様子が歌われる。アグ
ゼヴァンは現在のアゼルバイジャンのバクー近郊にあり、塩の採掘所

かつてサメグレロ地方の有力者だったダディアニ家の宮殿

——ズグディディ市

があったことで知られる。グルジア東部からカスピ海沿岸まで塩を買いにいく道のりは長く厳しく、命懸けであった。《ウルムリ》と似た内容の孤独な筏師の嘆き歌も伝わる。

《舟歌 Metivuri》

カルトリ・カヘティ地方

船着き場で筏を組み立てたさ

筏は松の木でできている

櫂で水しぶきをあげ、船の後ろが濡れている

私の筏よ、町に到着したら、お前を讃えてやろう

お前は乗客を乗せて周遊し、ほかの筏よりもよく働いたようだ

ギオルギ王の時代には、もはや満たされることはなかったさ

妻も子も喜ばすこともできず、友人と楽しむこともできなかった

エレクレ王の時代には、牛たちを遠くへ連れていったものさ

横になって、たくさん寝たさ、チョハで体を覆って

ああ、父祖たちはどうやって彼らの妻と巡りあったのか、知りた
　　いものだ

もしくは、愛しあっていた夫婦が、突然、別れる理由も知りたい
　　ものだ

ああ、人が住まない廃屋だらけだ、ある家は完全にきれいなまま
　　捨てられてしまった

彼らはもはやこの世に立つことはなく、あの世の者たちと繋がっ
　　ているようだ

ギオルギ王とはグルジア最後の王、ギオルギ 12 世（在位 1746-1800）のことである。彼の治世をもってカルトリ・カヘティ王国は崩壊し、グルジアはロシア帝国に併合された。エレクレ王はギオルギ 12 世の

先代のエレクレ2世のことであり、エレクレ2世の時代のカルトリ・カヘティ王国の豊かな暮らしを懐かしみ、その凋落を嘆く歌である。

　1800年代に入るとグルジアでは、領主からの「年貢」の取り立てに苦しむ人々のあいだで、地主・貴族に対する「一揆」が生じた。サメグレロでは1850年代に、この地方の有力者ダディアニ家の襲撃を目的とした「農民一揆」がウトゥ・トドゥア Utu Todua らによって生じた。

《ウトゥの進軍 Utus Lashkruli》

サメグレロ地方

　　兄弟たちよ、皆でいっしょにウトゥの軍を出陣させるのだ
　　我々の軍を団結させ、敵に怒りをぶつけるのだ
　　清廉潔白なウトゥ・トドゥアの軍隊に勝利を！
　　勝利を！　勝利を！
　　忠実な兄弟よ、敵を見つけ出し、捕らえるのだ
　　皆でいっしょに、生きた敵を見つけ出すのだ
　　鍛えられた足腰をもつ農夫たちよ！
　　支配者の一族を根絶やしにするのだ
　　彼らの最期は近い
　　腐肉に群がるワタリガラスのように、彼らは我らの血に飢えていた
　　支配者の一族を完全に根絶やしにするのだ

　1856年にサメグレロで生じたこの「一揆」は、同じくウトゥという名をもつウトゥ・ミカヴァ Utu Mikava（1812-1878）を首謀者とするものだった。ミカヴァとともに参加したトドゥアは、ダディアニ家がロシア帝国側に助けを求めたため、捕らえられ、ロシアのコストロマに追放された。彼が釈放され故郷へ戻ったころには、農奴の解放が進

んでいた。

　カルトリ・カヘティ地方にも有名な「農民一揆」にまつわる歌が伝わる。

《チャクルロ Chakrulo》

橋頭堡（きょうとうほ）で契りを交わそう
我々は血を分けた兄弟になるのだ
ムフランバトニを討つのだ
まずは家の屋根を破壊しよう
ムフランバトニの支配が原因で
我々は籠のなかをパンを焼く粉で満たすこともできない
子牛も育てられず、脱穀すらできない
ヘヴスレティで鍛造（たんぞう）された剣よ
テラヴィでトゥシェティの奴がお前を研いだのだ
エレクレ王はお前を祝福し、闘いのために十字を切った
私を支配する敵よ
私は泣かない、泣くのは女の習慣だ
私は不遇な目にこれまで幾度となく遭遇した
しかし、私はうめき声ひとつあげなかった
剣を一本おくれ、さあ、研ごう
銃を用意しよう
お前が私を満たしてきたように、
今度はお前を弾丸で満たすのだ

　後述するように、無人宇宙探査機「ボイジャー号」に搭載されたこの歌は、20世紀初頭から歌われていたものであるが、現在よりも短

い歌詞で歌われており、よく知られた現在の歌詞は 20 世紀の中ごろ
に定着した比較的新しいものであることが考えられる。歌のタイトル
である「チャクルロ」とは、「狙いをつけた」といった意味から派生
した言葉だと考えられ、貧窮した人々がムフランバトニを襲撃するこ
とを計画する様子が歌われる。

　ムフランバトニとは、タマル女王をはじめとするさまざまな王を輩
出し、中世グルジアで栄華を誇ったバグラティオニ家の流れを汲む家
系で、16 世紀から 19 世紀にかけて東部を支配していた。テラヴィは
カヘティ地方の中心となる町である。エレクレ王は、グルジアの人々
のあいだでタマル女王と並び愛される 18 世紀に東部で栄えたカルト
リ・カヘティ王国のエレクレ 2 世のことである。

嘆き・弔い

　生活苦のほか、人生におけるさまざまな不条理を嘆く歌も伝わる。
　かつての人々は、天然痘などの流行病に冒され隔離された際に、死
にゆく運命にある自らを癒やす目的でチョングリをつま弾いたとい
う。

《ああ、チョングリ Ase Chonguri（Didavoi Nana）》

サメグレロ地方　　楽譜 15 （p. 289）

ああ、チョングリをつま弾くのだ
お前と私の不幸を思って
チョングリよ、お前は何を歌うことができるのか
おお、不幸な私よ
あらゆる苦痛が私を襲う

　この歌は嘆きを表すその歌詞から《ディダヴォイ・ナナ Didavoi-Nana》とも呼ばれる。メグレル語で歌われるため、メグレル語に近い言語を話すラズ人に出自をもつトルコの歌手キャーズム・コユンジュ Kazim Koyuncu（1972-2005）によっても歌われた。

　病苦のほか、息子を失った母の悲しみもさまざまな民謡のなかで歌われる。

《お前の母さんは死んでしまう Deda Mogikvdesa》

お前の母さんは死んでしまうだろう
お前の母さんの人生はおしまいだろう

息子よ、グダとナバディを身につけたままどこへ行った
勇ましく突いていた羊飼いの杖とともにどこへ行った

ゴメツァリの若者たちがやってきた
立ちあがって、ついていくのだ、
もはや邪魔はしないよ

息子よ、鞍と馬勒を外したお前の黒い馬を森へ逃がしてやろう

　トゥシェティ地方の羊飼いは、冬をカルトリ・カヘティの最果ての平原で過ごし、春の五月ごろになると新たな牧草地を求めてトゥシェティの山へ向かう。この時期は雪解けで雪崩が発生しやすい時期であり、羊飼いの道のりは命がけであった。「グダ Guda」は革製の袋で、フェルト製のマント「ナバディ」とともに羊飼いの旅の必需品だった。ゴメツァリは東部の山麓の地名である。

　北西山岳のスヴァネティ地方には、異民族との戦で命を落とした息子を弔う歌が伝わる。

《ミラングラ Mirangula》

スヴァネティ地方

　　かわいそうなミラングラよ
　　母にはお前しか子どもがいなかった
　　母はお前を大切にコシュキのなかに囲った
　　そこにはお前のために昼食と夕食が運ばれていた
　　呪われた水曜日の晩、ミラングラに夕食が運ばれたが、
　　ミラングラには会えなかった
　　どうやらサヴィアレ人たちと戦いに行ったようだ
　　母は外を見た
　　彼はマチュフパレの山に立っている
　　おお、母の子ミラングラよ
　　よく働き、よく遊んだ奴よ
　　これがお前の最後の旅立ちだ

　息子ミラングラの旅立ちを歌った母の嘆き歌である。ミラングラの食事が運ばれた「コシュキ K'oshk'i」とは、内部が住居空間になっている石造りの防御塔であり、スヴァネティ地方やトゥシェティ地方などの山岳部のほか、北コーカサスにも建ち並ぶ。「サヴィアレ人」とは、スヴァネティ地方などの西部で、バルカル人などの北コーカサスのテュルク系集団を指す。
　このほか、スヴァネティ地方には仲間の裏切りによって命を落とした息子たちを弔う歌も伝わる。

攻防の歴史を物語る山岳部に建ち並ぶ防御塔「コシュキ」

——トゥシェティ地方

《おお、ソザルとツィオクよ Oi Diashu Sozar Tsiok》

スヴァネティ地方

おお、かわいそうな、ソザルとツィオクよ

彼らは結婚式に招待された

タジが彼らを招待したのだ

ソザルは茶色の馬に、ツィオクは赤茶の馬に跨がった

彼らは結婚式に向かった

道中で彼らはベクムルゼラに会った

「どこに行くのか？　兄弟たちよ？」

「タジが結婚式に招待したのだ

ちょっと一杯やってくる

そのあと家に戻る」

ベグムルゼラに会ったあと、ソザルは家に戻ってしまった

ツィオクは道を進み、結婚式が開かれる家の上の階に入った

暖炉のある家の一階には人々が集まっていた

ツィオクはヴォトカの入った角杯を四つほど飲まされた

ツィオクはすっかりやられてしまい、

ベッドの上に寝かされた

剣の代わりにホウキを

銃の代わりにこけら板を与えられて

ああ、ソザルよ、ツィオクを助けにいくんだ！

ソザルは向かった

暖炉のある部屋へやってきたが

ソザルも角杯を五つほど飲まされた

ほとんど歩けなかったが、兄弟を探しはじめた

そのとき、集団が後ろからソザルに襲い掛かった

そして死んだ彼らを橇に載せ

彼らの母の家の門に運んだ
母はコシュキのなかに入っていたのですぐさま悲しまなかった
結局、四人の男が死んだ
母はコシュキから降りてきて泣いた
もう、二枚舌の奴のところに行くんじゃない！
翌日、息子たちを埋葬した

　この歌は、死者を弔う内容からチュニリの伴奏で歌われることが多い。婚礼へ向かう道中で出会った知人に裏切られて命を落とした兄弟の悲劇を歌ったものである。

教訓に関する歌

　グルジア民謡にはさまざまな教訓を歌った歌が多い。代表的なものとして、人生や人の世に関する教訓を歌ったものがまず挙げられよう。

《冬 Zamtari》

カルトリ・カヘティ地方

冬は薔薇を枯らす
木々の葉は落ちていく
美しい女の瞳からは、涙が流れ落ちる
我らに平和を

　12世紀のタマル女王の治世に活躍した詩人、ショタ・ルスタヴェリの『豹皮の勇士』の一節から派生した歌である。この一節は、主人

公タリエルが友人のアフタンディルと再会し、新たな旅立ちの場面であり、「春の太陽のまぶしさもまた、冬の凍るような寒さとともに苦しみを与え、人の心もまた四季と同じようにうつろいやすい」といった内容が続いている。

　次の歌は人生の儚さを歌ったものだ。

《我々は浮世の客 Tsutisoplis Stumrebi Vart》

カルトリ・カヘティ地方　サンプル2

　我々は浮世の客さ
　我々が去ったとしても、ほかの者が残るだろう
　もし、我々が互いに喜びを分かちあえないとしたら、
　これ以上のどんな後悔が残るだろうか

　輪舞をはじめよう　さあ、踊ろう
　神はヴァフタング王を愛した
　空から祝福の鐘が聞こえる
　エルブルス山に足を踏み入れたら
　大きな山は震えた
　レズギン人は制圧され
　チェルケスの平原に追放された
　さあ、踊ろう
　右へ回って、左へ回って

　輪舞とともに歌われることともあるこの歌は《ヴァフタング王の輪舞》とも呼ばれる。グルジアでは狭く儚いこの世を「ツティソペリ Tutisopeli」という言葉で表現する。この言葉は、「一瞬」あるいは「一分」を意味する「ツティ」と、「村」を意味する「ソペリ」があわ

さったものである。ヴァフタング王とは、「ゴルガサリ（オオカミの頭）」と呼ばれた、5世紀のイベリア王国の王、ヴァフタング1世を指す。優れた軍人であった彼は、北コーカサスの諸集団をも支配下に置いたことで知られる。勇敢な男が讃えられるグルジアでは、男性の「人生訓」を歌った歌が伝わる。

《シェモザヒリ Shemodzakhili》

カルトリ・カヘティ地方

永遠の薔薇の花束よ
青々としたポプラの木よ
私に翼があったならば
お前のところに飛んでいくさ

お前を不幸から守る、だから私を憎まないでくれ
グルジア人として一つ、私に語るのだ
シャベルを貸してくれ、私の墓を掘るのだ

男が死ぬことは難しいのだ
あっけなく逝ってしまうことは
その立派な髭が土に埋まってしまうことは

　上声部の高らかな朗唱ではじまるこの歌は、「導く声」を意味する「シェモザヒリ」という名で呼ばれ、男性の切ない恋心と人生訓を歌ったものである。
　故老が若者に人生の教訓を語る歌も知られる。

《年老いた私 Berikatsi Var》

カルトリ・カヘティ地方

年老いた私を殺さないでくれ
もし殺した場合、皆がお前を咎（とが）めるだろう
私はお前に、父子と兄弟の絆の大切さを語るのだ

幾千もの家系が栄華を極め、幾万もの家訓が存在した
もし男が男としてふさわしい生を全うしなければ
誇り高い一族にとってなんと不名誉なことか

《昨日、グルジャアニの七人が Gushin Shvidni Gurjanelni》

カルトリ・カヘティ地方

昨日、グルジャアニの七人が、狩りに出かけたようだ
そこで白い猪をしとめ、腹を満たしたようだ
その後、七人がそれぞれ七回矢を放ったが、何もしとめられな
　かった
年老いた爺さんが矢を放ち、角のある野ヤギをしとめた

　グルジャアニはカヘティ地方の東部の町の名前であり、この歌は
「老人の智慧（ちえ）」を讃える歌である。20世紀初頭から歌われてきたこの
歌は、古くは山岳のヘヴスレティ地方の七人の兄弟が、グルジャアニ
の七人に対抗して豹を仕留めようとして、七回矢を放ったが命中せ
ず、長老の最後の一矢が命中したという歌詞で歌われた。
　野生の草花や動物に関する教訓を歌った歌も伝わる。

《一本の薔薇 Arti Vardi》

サメグレロ地方

私は薔薇を摘み、畏敬の念をもって手に抱えている
薔薇の匂いは私を酔わせ、薔薇の美しさは私に喜びをもたらす

私はこの薔薇が、誰の庭で育ったか知らない
枯れることのない、萎むことのない
神の祝福を受けた薔薇よ

薔薇は静かに言った
「私を摘むことなく、痛めつけることなく
私の美しさのみを理解することができる者こそが
私を有する権利がある」と

　この歌は、野に咲く花はそのままにしておくべきだという教訓を歌ったものであるが、野生の鳥に関しても同じような教訓歌が伝わる。

《私の鳩 Chkimi Toronji》

サメグレロ地方

私が十二歳になったころ
鳩を捕まえたくなった
自身の喜びのために、自身の手で

やがて私の鳩は野生化し、
ハシバミの木に飛んでいった
鳩が戻ってくるまで

　私は立ちあがりたくなかったし、座りたくもなかった

　私の鳩は帰ってきた
　しかし年老いた鳶（とび）が突然、鳩を襲った
　それはなんともいたずらで、不幸な運命だった

　飼いならされた結果、鳩は本来の野生の能力を失った。いったん巣
立ち、飼い主のもとに戻ってきた暁には、鳶に襲われてしまった。鳥
には、野生の暮らしがふさわしいという教訓を歌っているのかもしれ
ない。
　教訓歌にはさまざまな種類がある。「金細工師」にまつわる次の歌
は、おそらく「餅は餅屋に」といった教訓を歌ったものであろう。

《金細工師よ Okromchedelo》

メスヘティ地方

　金細工師よ、鳥の足輪をお前のところで手に入れたさ
　今度はシャベルを一つ作っておくれ
　お前の作ったシャベルは丈夫だよ
　今度は銃を一つ、作っておくれ
　お前の作った銃は丈夫だよ
　今度は斧を一つ作っておくれ
　お前の作った斧は丈夫だよ
　今度は小刀を一つ作っておくれ

　鳥の足輪は、かつて盛んだった鷹狩りの際に用いられたものである。
　教訓歌には「男やもめ」や「育ての親」、「嫁」や「姑」といったさ
まざまなカテゴリーの人を風刺した歌も多い。

《カクチェラおじさん Buba Kakuchela》

スヴァネティ地方

おじさんにはおばさんが必要だ
おじさんはいい暮らしが好きだ
おじさんにはハチャプリが必要だ
おじさんにとっての最大の願いごとは
よい環境のもとで生活を送ることだ

「カクチェラ」という名の男やもめをからかった歌である。「おじさんにはウォトカが必要だ」といった歌詞で歌われることもある。
　次の歌は、「生みの親よりも育ての親」という教訓を歌っている。

《私の代母よ Chemo Natlisdedao》

グリア地方

代母よ、神の加護のもとにある代母よ
私は遠いところから来たものだから、腹が減った
ハチャプリを焼いてほしい
チーズがあるだろう
それから若鶏を殺してほしい
雌鶏に成長する奴はもちろん、残してほしい
瓶のなかにあるチュハヴェリ種の葡萄（ぶどう）からできた葡萄酒を飲ませ
　　てくれ
代母よ、私は急いでいる
もし私が早く家に戻らなかったら、母さんが怒る
加えて私には悪妻もいる
妻は出迎えてくれないだろう
隣人がうろうろしているところで、きっと誰かと会って浮気をし

　てしまうだろう
　妻が私を裏切ることは確実だろう
　私は若い男で、妻から見くびられている
　代母よ、私は急いでいる

　「代母」とは、子どもが生まれてすぐにおこなわれるグルジア正教会の洗礼式に立ち会った女性のことである。代母は時に、生みの親よりも頼るべき存在だったのかもしれない。「チュハヴェリ」は、黒海沿岸のグリア地方やアチャラ地方原産の赤葡萄の種類である。
　このほか、「嫁と姑」の諍いを歌った歌も知られる。

《嫁さんよ Patara Rdzalo》

ラチャ地方

「嫁さんよ、嫁さんよ」
「何ですか？　何ですか？」
「鶏をジュジュジュジュジュジュジュと呼んでほしいの」
嫁は数え、そして気がついた
「一羽、二羽、三羽、四羽、五羽、六羽、七羽、八羽、九羽、十羽、
十一羽目がいなくなったようだわ
畑へ飛んでいったのかしら
黒い犬よ、お前が噛み殺したんだろう
私のせいじゃないわ」

姑は言った
「家庭内において悪い嫁と暮らすことよりも、
流行病に冒されるほうがましだ」と
陶器は倒れ、スプーンがその頭をたたいている

食器は廊下で散乱し、嫁の頭を殻竿が叩いている
姑の頭を悩ませる嫁は、家の外へ追い出すべきだろう

さて、そこから話は進み、
ばつが悪いことに、嫁と姑の争いは、嫁が勝っていた
義理の兄弟が嫁に尋ねた
「嫁さんよ、母さんはどこか具合が悪いのか？」
「どこも悪くないでしょう」

嫁の態度は姑を打ちのめした
姑は、頭痛をますます悪化させ、
乾いたパンが食べられず、パンを牛乳で浸して食べるようになっ
　　た
「私の牛乳がどこにもないわ」と、嫁は言った
この言葉にますます打ちのめされた姑は
さらに頭痛を悪化させた

　この歌は、ラチャ地方に広まるバグパイプ「グダストヴィリ」の伴
奏で歌われる。
　「教訓歌」には、人生に対する「楽観主義」を勧める歌も多い。

《カヘティ地方のシャイリ Kakhuri Shairi》

カルトリ・カヘティ地方

シャイリは難しいだろうか
教会の聖職者みたいに
長い詩をお前に捧げよう

もしよければ、家にもって帰れ
ロバはきっと腰を痛めるだろう
二つの皮袋のなかがいっぱいだ
口はしっかり閉じたさ

我々の隣人のマロは
棚のなかにチュルチヘラをしまっている
自分でも食わないし、ほかの奴にも食べさせない
つまらない奴さ

ミハ爺さんはあっちで寝ている
誰かが盗みをはたらかないといいが
一週間のあいだ、眠っている
眠っているあいだに逝（い）ってしまわないだろうか

爺さんはロバを失った
誰かが荷物運びに使ったのさ
さあ、ロバを呼びよせよう
ロバの鳴きまねにおびき寄せられて戻ってくるかもしれない

ミハ爺さんは言った
前髪を櫛で整えなさいと
だからロバなんか探さなくてもいい
また、ロバの子が育つだろう

今日は、シャイリはおしまいにしよう
シャイリは長く続くのさ

二つの皮袋のなかがいっぱいだ
袋の口はしっかり閉じたさ

こっちもシャイリをおしまいにしよう
シャイリは長く続くのさ
残りはまた、お前に話すさ
準備はできているとも

　「シャイリ」と呼ばれる即興詩の競演にまつわる歌である。終わることのない即興詩の競演は、時に川を下る筏（いかだ）の上で、筏師たちによっても繰り広げられた。この歌は子どもたちが他愛もない詩をふざけて詠みあげている様子を歌ったものである。隣人が棚にしまったチュルチヘラとは、糸を通した胡桃などの木の実を葡萄（ぶどう）の果汁のなかにくぐらせて、干して固めた菓子である。荷物を運ぶ大切なロバが逃げてしまっても気にしない、またロバの子が育つ、といった人生に対する楽観的な態度を奨励する歌である。呑気に歌っている最中に家畜が逃げてしまった様子は、ほかの民謡のなかでも歌われる。

《四つのナナ Otkhi Nana》

グリア地方

グリアの三兄弟が畑で働いていた
サルクヴァゼ家のロディコとアクヴセンタ、それからマナサが

彼らはよく働いていたが、
ナナの歌を口ずさんでいたら、くびきにかける牛たちがいなく
　　なった
カムシャとアルマがいない

家に帰って母さんに相談した
母は叫んだ
「アルマはどこ？」

母さん、ほっといてくれ
カムシャとアルマのことは、もう私に尋ねないで

私たちは畑に種を撒いた
この不名誉は、我々の責任だ
誰にも言ってはいけない
慰めに歌を歌おう
オデリオ　ナナサ！

　《四つのナナ》と呼ばれるこの歌は、「オデリオ、ナナサ！」といった歌を三人の兄弟が自らの反省のために三回歌い、残りの一回は母のために歌ったできごとを意味しているのかもしれない。家畜が逃げてしまった事件は、歌で償うことができるぐらいの他愛もないできごととして扱われる。
　罪深き人が罪を逃れるための術（すべ）を説いた歌も知られる。

《ディアンベゴ Diambego》

カルトリ・カヘティ地方

裁判官よ、いいことを教えてあげよう
皆が、お前の娘を褒め称えている
彼女はバルコニーに上がって、敷かれた絨毯の上で、
小さな可愛い指で遊んでいるよ

　「ディアンベグ」（呼びかけの形はディアンベゴ）とは、20世紀以前のグルジアで活躍した罪人を裁く「裁判官」のことである。この歌は、裁判官におべっかを使う術を説いている。逆に「罪」を犯した人に然るべき天罰が下る様子を歌った歌も知られる。

《ツァンガラと娘 Tsangala da Gogona》

カルトリ・カヘティ地方

ツァンガラと女の子が遊んでいる
ツァンガラは町へ行き、葡萄をもってきた
彼は葡萄を一人で食べたので、申し訳なさそうに自分の墓を掘った

ツァンガラは踊りが得意だ
爪先で立って踊りはじめて、足を痛めたとしたら
娘さんのせいだよ

親愛なる兄弟よ
天使みたいな笑顔の
帽子を横っちょに被った気取り屋な奴よ

　「ツァンガラ Tsangala」とは、19世紀以降に広まった楽器マンドリンを意味するが、この歌ではおそらく「マンドリンのように陽気な男」を意味している。葡萄を娘に分け与えず、一人で食べてしまったので、ごまかすためにふざけて踊ったら、足を痛めてしまうかもしれないが、娘のせいにしてはいけないと、忠告しているのだろうか。同じように、私腹を肥やす小金持ちに天罰が下る歌も知られる。

《クヴェドゥルラ川が氾濫したようだ Kvedrula Modidebula》

ラチャ地方

クヴェドゥルラ川が氾濫したようだ

山や平野をさらっていく

ラシュヴィリの家は麦の豊作を自慢していた

もし、その顔色を変えることができなければ

クヴェドゥルラ川はもはやおしまいだ！

川の水はついに脱穀場を台無しにした

風車小屋の後ろにあった数千キロあまりの麦の山もさらっていった

さあ、そこへいって、風車を回すのだ

女主人は呟いた

ああ、どうやってもてなそうか、私のところにくる大事なお客を

ムチャディでもてなすべきか

　クヴェドゥルラはラチャ地方を流れる川である。いつごろかはわからないが、氾濫し、大洪水に見舞われたようである。洪水のせいで、豊作自慢の女主人が、パンを焼く小麦粉を失い、玉蜀黍粉で作った素朴な味わいのパン「ムチャディ」だけで客をもてなす羽目になり、面目が潰れた様子が歌われる。

　また、「村八分」にされていた男の「自業自得」ともいえるべき悲しい末路を歌った歌も知られる。

《ジャマタ Jamata》

ラチャ地方

ジャマタは悪い男だった

彼はラチャのゲビの村中を敵に回していた

家という家から門前払いされていた
ウシュグリやハルデでも
丘の最果てに若い男たちが
彼一人を狙うべくしてやってきた
年端のいかぬ者たちは
物見遊山にやってきた
年長の者たちは銃を手にもって
ジャマタは丘の側面に立った
丘の側面で彼は災難に陥った
ジャマタだから仕方がないさ
彼のせいで、我々は自由に出歩くことができなかった
銃弾がジャマタの背中を貫いた
血があふれ出した

　この歌は、その悲惨な内容から、冒頭の歌詞が「ジャマタはいい奴だった」と歌われる場合もある。故人を弔う内容から、チアヌリの伴奏で歌われる場合が多い。ウシュグリもハルデもスヴァネティ地方の地名である。「村八分」にされるような行為のほか、兄弟や一族、そして「祖国」に対する「裏切り」もまた、戒めるべき教訓として歌われる。

《ハサンベグラ Khasanbegura》

グリア地方

ハサンベグ・タヴドギリゼは神から見放された
トルコのパシャの称号を手に入れ、完全に我々の神を忘れた
シェクヴェティリに入った彼は、「私は来たぞ」とトルコ語で叫んだ

ランチフティまで彼を行かせ、我々の姿を見届けさせるのだ

我々は道中で、軍の警察隊を見た
ロシアの軍勢は少なかった
九千人あまりのトルコの軍勢が、我々に向かって襲い掛かってきたが、
彼らのなかには逃げ出したり、身を隠したりした者もいた
我々は追撃部隊を派遣した
九千人あまりのトルコの軍勢のなかにおいて、五千人あまりが辛うじて生き残った

我々こそはグリア人だ！
シュフトペルディで戦火を交えた際も敵を同じように葬った
一人たりとも生きて放さなかった

私の兄弟、ハサン・パシャの斬首された姿をついに見つけた
彼は私の兄弟だったので「ああ！」と、私は哀悼の意を表した
昨晩、我々は彼と戦火を交えたが、彼はなんという運命の罠に嵌（はま）ったことか
彼は私の兄弟だったので、私は彼を埋葬した

　クリミア戦争の際にトルコ側で戦った、ハサンベグ・タヴドギリゼ Khasanbeg Tavdgiridze（1810-1854）の悲劇を歌った有名な歌である。彼は「ホスロ Khosro」というグルジアの名をかつて名乗ったという。シェクヴェティリもランチフティもシュフトペルディもグリア地方の地名である。タヴドギリゼ家は、中世のグルジア南西部の名門の家系であったが、彼らのなかには、ハサンベグのようにグルジアを捨てオ

スマン帝国で軍人として活躍した者も知られる。

アチャラ地方に伝わる《アリ・パシャ》もダヴドギリゼ家の「裏切り」を歌ったものである。

《アリ・パシャ Ali-Pasha》

アチャラ地方

ロシア人とトルコ人が罵（ののし）りあっている
どっちもどっちだ
アリ・パシャは我々を裏切り、我々をクヴィルケに連れていった
アリ・パシャは富を手にするために、我々をロシア側へ引き渡した
おや、予期せぬことにアリ・パシャは、
ロシア人にロープで船に引きずりこまれた
スプサ川を越えてバイエティに入ったら、アリ・パシャの叫び声が聞こえた

アリ・パシャ Ali Pasha（1828-1911）は、タヴドギリゼというグルジア系の本姓をもつオスマン帝国の軍人であり、アチャラ地方の港町コブレティで生まれた彼は、オスマン帝国に仕え、帝国がこの地域を支配した際にパシャ（総督）の称号を獲得している。露土戦争期にトルコ側についた彼は、アチャラ地方のグルジア人捕虜を、金銭と引き換えにロシア側に売り飛ばそうとした。この歌は、グルジアを裏切ったアリ・パシャがロシアの兵士に船の上で痛めつけられた様子を歌ったものであり、かつては「ロシア人とトルコ人が犬のように罵りあっている」という歌詞で歌われたこともあった。この戦争を経て、アチャラ地方はオスマン帝国領からロシア帝国領となった。クヴィルケとバイエティはアチャラ地方の地名である。

7．武勇・戦に関するもの

13世紀から、モンゴル、トルコ、イランなどの侵入に苦しんできたグルジアには、さまざまな英雄たちの武勇を讃える歌が多い。

武勇に関する歌

武勇を讃える歌として、12世紀のタマル女王（在位1184-1213）の時代に活躍した軍事司令官シャルヴァ・アハルツィヘリ Shalva Akhaltsikheli を讃える歌はもっともよく知られる。

《シャヴレゴ Shavlego》

カルトリ・カヘティ地方　楽譜1 (p. 256)

シャヴレグよ
お前の黒いチョハが血に染まっているようだ
剣帯が似あっていたシャヴレグよ
戦に赴く姿がふさわしかったシャヴレグよ
常に敵と戦う姿がふさわしかったシャヴレグよ
お前は誰の助けも必要としなかった

「シャヴレグ」という愛称で親しまれるシャルヴァ・アハルツィヘリは、南西部メスヘティ地方の有力者の家系に生まれ、13世紀初頭にセルジューク朝を打ち破り、カルスを奪還し、この地を治めた。彼はグルジア正教会の聖人に位置付けられる。彼が身に着けていた「チョハ」はグルジアをはじめ北コーカサス山岳民が身にまとう胸部

に弾丸を装備したコートであり、男性の民族衣装として位置づけられる。

　タマル女王の武勲と美しさもまた、民謡のなかで讃えられる。

《タマル女王 Tamar Dedpal》

スヴァネティ地方

　　タマル女王がいらっしゃった
　　御付きの者が案内していた
　　耳飾りと、首飾りをつけて
　　全身に紅玉をちりばめ
　　繻子織の服を着て
　　外側を鎧で覆い、腕輪をつけて
　　その歯は真珠のごとく輝き
　　しっかりと剣を装備して、足には長靴を履いていた

　タマル女王は剣や鎧を装備していた一方で、煌びやかな装飾品を欠かさず身に着けていたようである。タマル女王はスヴァネティ地方を好んで訪れたという。

　北コーカサスからの侵入者と戦った英雄を讃える歌も知られる。

《カンサヴ・キピアネ Kansav Kipiane》

スヴァネティ地方　　楽譜10　(p. 277)

　　カンサヴ・キピアネは不老不死だ
　　屈強で、荒くれ者で抜け目のない
　　がに股歩きの
　　人々が集まる
　　レンジェリ、メスティア、

ムラヒ、ムジャリ、ツヴィルミとイパリ、
カラとウシュグリからやってきた人々が
勇敢な男たちはバハで戦っている
彼らは年季の入った銃を装備している
卑怯な男たちは谷で戦っている
彼らは木製のこん棒を装備している

　17世紀ごろに北コーカサスから侵入してきたバルカル人と戦った
とされる英雄、カンサヴ・キピアネを讃える歌である。ツヴィルミ
で生まれたキピアネは荒くれ者だったようである。レンジェリ、メ
スティアなどはすべてスヴァネティ地方の地名である。「バハ Bakha」
または「ガハ Gakha」とはスヴァネティ地方にそびえるウシュバ山の
地名である。スヴァネティ地方には屈強な男を讃える歌が多く伝わ
る。

《若者ロストム Rostom Chabuki（Chabigv）》
スヴァネティ地方

おお、若いロストムよ
サメグレロから逃げてきて
スヴァネティで怪我をして
アブハジアに売り飛ばされ、
アブハジアから逃げ、
そしてサメグレロへやってきた
サメグレロから逃げ、白いロバに跨がり山へやってくる
アトゥクヴェリの山まで登ってくる
エツェリの谷には視界が広がる
どこも雪が降り、雨が降る

エツェリの谷には日が照らす

　ロストムと呼ばれる男をめぐる伝説は、グルジアのさまざまな地域に伝わり、一般に「ロストミアニ Rostomiani」として知られる。ロストムは子殺しの罪でさまざまなところを逃げ回っていたという。この歌は、いつの日かロストムが、苦難の道のりを経て、スヴァネティ地方にたどり着いた様子を歌ったものであろう。アトゥクヴェリもエツェリもスヴァネティ地方の地名である。

　このほかにも、さまざまな叙事詩の登場人物が民謡に登場する。

《アフタンディルは狩りに出た Avdandil Gadinadira》

イメレティ地方

アフタンディルは狩りに出た
森に囲まれた高い山の尾根で
雄牛一頭はおろか雌牛一頭も、
そして角のある鹿も仕留められなかった

しかし彼は百回矢を放ち、百頭の獲物を仕留めた
そして最後の一頭が残った
その一頭にも矢を放ち、血があふれ出た

山の斜面をジャンプする鹿に、鷹の羽でできた矢が命中したのだ
皮が剥がれていない状態の角鹿が、馬の鞍に載せられた

切り株のあるふもとにたどり着いたアフタンディルは
火を灯し、よく研いだ串を準備して肉を焼いた

　「アフタンディル」は 12 世紀のグルジアの詩人ルスタヴェリの叙事詩『豹皮の勇士』の主人公タリエルの友人であり、狩りが得意な人物として描かれる。グルジア民謡には狩りの名人を讃える歌が多い。

《シシャとゲルギル Shishai Gergil》

スヴァネティ地方

　おお、シシャとゲルギルよ
　狩りに行ったようだな
　野草を食べたようだな
　湧き出る水を飲んだようだな
　崖の上で野山羊を仕留めたようだな

　シシャもゲルギルもスヴァネティの狩人の名前であり、この歌では厳しい自然のなかで狩りをしながら生きる様子が讃えられる。
　狩人のほか、「チダオバ」と呼ばれる古式レスリングで活躍する男たちの武勇を讃える歌も伝わる。

《ガレカヘティのサチダオ Garekakhuri Sachidao》

カルトリ・カヘティ地方

　ここからゴリは遠い
　真珠か水晶の粒みたいだ
　さあ、拍手だ！

　お前を見物するためにやってきたよ
　ほかに用事はないさ
　積乱雲のような奴よ
　不遜な奴よ

さあ、耐えるのだ
昼の興行は粋なものだ
興行に吹く風よ
お前が私を連れ出してくれたのさ
さあ、「バニ」を歌え
女たちも、来るんだ

　この歌は、かつてガレカヘティと呼ばれたカヘティの一地域で、古くから歌われてきたチダオバの応援歌である。大胆不敵な男たちのほか、義侠心に富んだ男の活躍もまた民謡のなかで讃えられる。

《シソナ・ダルチア Sisona Darchia》

グリア地方

シソナ・ダルチアは
その豪胆さで称賛された
兄弟が死んだとき、彼は来て泣いた
幾度となく戦のなかに身を置いてきた彼は
片手に銃を握っていた
その目には涙があふれていた
お前は死んで、私は生きている
私はほかの人々に、どう顔向けできよう
一人の、紳士的な君主は、裏切りに長けたものだ
32人の巡査を連れて橋の上で待ち伏せした
私は大きな橋の上からスプサ川に飛び込んだ
悪気なしに警官の頭を跳び越えた

警官たちは私に一撃も加えることができず、

私の隣人たちを尋問していた

彼らは無残に

銃で頭を打ちぬかれた

私は逃げた

最初に私が遭遇した者のうち七人を無残に殺した

ほかの連中は森で震えていた

数人をダディシュケリアニの音で殺して、

私を裏切った奴と警官は、川岸の石で頭を割って死んだ

ほかの連中は羊みたいに怯えてあちこちへ逃げた

さあ、どうしようか

奴らは私に事実を語らせるために戦っている

私は民衆の敵を打ちのめすために銃を手に取る

私、シソナは孤独に、悲しみから歌うのだ

私は民衆が好きだ

彼らのためなら、私は雪のなか、水のなかで一晩明かす

私は不滅だ！

仮に死んだとしても、

将来、誰かが私を讃えてくれるだろう

　シソナ・ダルチア（1860-1891）はグリア地方の「義賊」として知られる。この歌は「無法者」ながらも貧しい人々の味方であったシソナの活躍を歌ったものである。「ダディシュケリアニ」は、スヴァネティ地方の有力者の家系の名前を冠した銃であろう。

戦に関する歌

　モンゴル、トルコ、イランのほか、北コーカサスのダゲスタンなどからの侵入者との戦いに明け暮れたグルジアには、こうした戦に関する歌が多い。

《セデコ Sedeko》

ラチャ地方

　セデクよ、要塞よ、
　高く聳える、石造りの
　ダディアニは伝えた
　お前が大胆不敵ならば、戦の準備はできていると

　「ダディアニ」とは、13 世紀にグルジアがモンゴル帝国に征服された際、ラチャ地方などの有力者とともに支配に抵抗したサメグレロ地方出身のツォトネ・ダディアニ公 Tsotne Dadiani のことで、彼はモンゴル軍に捕まった仲間を南西部まで助けにいったことでも知られる。ダディアニは、グルジア正教の聖人の一人に位置づけられている。

　「セデク」という要塞の名は、おそらくユダヤ教における「贈与」の習慣を意味する「ツェダカ Tzedakah」に由来するものであろう。この歌が伝わるが立つラチャ地方のオニ地区には、かつてユダヤ人が多く暮らし、要塞「セデク」の名称には、こうした影響が反映されている。

　13 世紀のモンゴル軍との戦いは、ほかの民謡のなかでも回想される。

《サムクレロ Samkrelo》

メスヘティ地方　　サンプル15

サムクレロを踊るのだ

さあ、下へ降りてこい

怖いよ、降りられないよ

大丈夫だ、怖がるな、

下には鳥の羽が敷き詰められている

モンゴル人たちはもう見えない

父祖の地は助かった

　塔型の輪舞「サムクレロ」の際に歌われる歌である。「サムクレロ」は、モンゴル軍が侵入した際に攻防のために築かれた要塞を再現していると考えられる。このほか、ダゲスタンからの侵入者に脅かされた状況を歌った歌も伝わる。

《私がレズギン人たちに捕らえられたとき
　Lekebma Rom Damichires》

グリア地方

私がレズギン人たちに捕らえられたのは、

収穫の時期の七月の初めだった

私はコーカサス山脈の百の山を連れまわされ、

黒海から来る海霧に覆われた、チェルケスの平原にたどり着いた

そこでは、三人のチェルケス人の主人のもとで、三人の女が牧草
　　を刈っていた

彼女たちは手に、金剛石の刃をもつ鎌を握っていた

そして、大理石の砥石でその刃を研いでいた

三人はまるで天使のように歌っていた

私は驚いた

なぜなら、女が鎌の刃を研ぐのを見たことがなかったから

　16 世紀から 19 世紀にかけて、ダゲスタンからの侵入者は、コフタやチョンチョル・ムサと呼ばれた軍事司令官たちを筆頭に、幾度となくグルジアに押し寄せた。この歌は、史実かどうかはわからないが、捕虜として北コーカサスに連れていかれた状況をユーモラスに歌っている。

　異民族との戦いに明け暮れてきたグルジアには、戦に向かう兵士を見送る歌が多く伝わる。

《兵士の歌 Mkhedruli》

イメレティ地方　楽譜6　(p. 269)

戦に行くのは喜ばしい

良き馬をもつ者にとって

家に戻ることは喜ばしい

良き妻をもつ者にとって

美しい妻をもつ者は

見張りの犬を飼う必要があるだろう

　20 世紀以降のグルジアではさまざまな兵士の見送り歌が歌われてきた。出兵した兄弟を心配する次の歌は、もっともよく知られたものである。

《飛べ、黒い燕よ Gaprindi Shavo Mertskhalo》

カルトリ・カヘティ地方　楽譜4　(p. 264)

飛べ、黒い燕よ

アラザニ川の岸伝いに飛んでいくのだ

そして、様子を教えておくれ

戦に行った兄弟の

彼は怪我をしているかもしれない

ああ、血が一面に流れ出している

もしくは捕虜として捕らえられたかもしれない

あたり一面が暗い

私の身代わりとして、お下げ髪をもっていきなさい

私の髪を結ったものである

そして、濡れたものだと伝えなさい

お前の愛する姉の涙で

彼のいない人生は、なんと虚しいことか

さあ、急ぎなさい！

燕はアラザニ川の岸辺にたどり着いたようだ

そこには赤いマツバウドが生えている

私はそこへ行き、それらを採りはじめた

荒地かと思ったが

　この歌は、20 世紀初頭の日露戦争をはじめ、第一次、第二次大戦期に歌われてきた歌である。現在では叙情的な歌として知られるが、古くは「よい馬は戦に出る男を喜ばす、美しい妻をもつ者は、見張りの犬を飼う必要があるだろう」といった、イメレティ地方の《兵士の歌》（p. 182）と共通する、野卑な冗談に満ちた歌詞で歌われた。露土戦争の《アリ・パシャ》（p. 172）の歌とともに、グルジア出身のソ連第 2 代最高指導者スターリンが好んで歌ったことでも知られるが、1950 年代のソ連で生じた「スターリン批判」以降、こうしたイメージを払拭するために、抒情的な内容に基づく現在の新しい歌詞で歌わ

れるようになったとも考えられる。

次の歌も第一次、第二次世界大戦期に好んで歌われたものである。

《アラグヴィ川のほとりで Aragvispiruli》

カルトリ・カヘティ地方

女たちが輪舞をはじめたようだ
アラグヴィ川よ、戦に行く男たちを守っておくれよと
女たちはアラグヴィ川に懇願している

戦から逃げ出した奴は、不名誉の印として
もはや家に戻れないように
川の泥を食べさせられるのさ

さあ、前へ進み、山の民にも呼びかけるのだ
グルジアに勝利を、栄光を！
敵を打ち負かすのだ！

勇敢な兵士を鼓舞する歌だけでなく、出兵した息子を心配する母の気持ちも、民謡のなかで歌われる。

《私のシャルヴァよ Chemo Shalva》

グリア地方

私のシャルヴァよ、私の愛しい
私の人生の最大の喜びよ、私の心を慰める
私のもとで生を受け、成長した
しかし運命に反して、大きな不幸に巻き込まれた
私は慰めに飢え、やつれている

ここへきて、私のところへ隠れるのだ

ペンを取るまで、私の頭にはさまざまな考えが渦巻いていた
指を動かすために私の心のなかを反芻した問いと答えは
時に遊び、時に急いだ
私の手紙はお前のところに急ぎ、飛んで駆けていった

お前が遠くにいるということは、なんと無慈悲なことだ
私の心と感情は、お前から離れることはできない

山間部に建つ祠に祈りを捧げる人々

──トゥシェティ地方

コラム 12 格闘技を通じた日本との身近な接点

　グルジア民謡にはタマル女王に仕えた軍人「シャヴレグ」を歌った《シャヴレゴ》など、屈強な男たちの活躍を讃える歌が多い。《ガレカヘティのサチダオ》で歌われるように、男たちは来たるべき戦に備えて古式レスリング「チダオバ」で幼いころから体を鍛えてきた。サッカー選手を夢見てボールを蹴っているような少年でも、体格がよければチダオバの稽古にスカウトされるケースもある。

　ユネスコの世界無形文化遺産に登録される伝統的な格闘技チダオバを基礎に、グルジアでは 20 世紀後半から、レスリング、そして日本の柔道といった五輪種目の格闘技を取り入れる試みがなされてきた。こうした試みの成果は、さまざまな五輪の舞台で活躍する柔道やレスリングのグルジア代表選手や、日本の大相撲で頭角を現してきたグルジア出身の力士たちに象徴される。

　ソ連時代から柔道の受容を通じて日本の伝統武術への関心が高まっていたグルジアでは、黒澤明監督の『七人の侍』（1954）などの古い映画を通じて、「武士道」にあこがれる男性も少なくない。1964 年の東京五輪で、当時重量級の無敵の王者だった猪熊功に果敢に挑み、銅メダルを獲得したアンゾル・キクナゼ（1934-1977）や、1972 年のミュンヘン五輪で金メダルを獲得し、1980 年代末に新日本プロレスで活躍したショタ・チョチシュヴィリ（1950-2009）などの格闘家は、「武士道」に挑んだ英雄として尊敬されている。

8．19世紀以降の創作によるもの

　グルジア民謡には、19世紀以降の詩人によって創作されたものも数多く含まれる。次に紹介するアナガ村の若者にまつわる有名な歌は、作詞者はわかっていないが、20世紀後半に創作された可能性も考えられる。

《アナガの若者よ Shen Bicho Anagurelo》
カルトリ・カヘティ地方

　アナガの若者よ
　お前の優しい歌声が聞こえてきたよ
　畑を耕しながらお前が口ずさむ優しい歌声が
　向こう岸まで聞こえてきたよ

　カヘティ地方のアナガ村は、20世紀を代表する民謡歌手ハムレト・ゴナシュヴィリ Hamlet Gonashvili（1928-1985）の出身地としても知られる。この歌はカルトリ・カヘティ地方の民謡の名手だったゴナシュヴィリのために創作された可能性もある。しかしながら同地域でより古くから活動していたヴァノ・ムチェドリシュヴィリ Vano Mchedlishvili（1903-1970）らの民謡歌手のあいだでも歌われており、ゴナシュヴィリが有名になる前から歌われていたことも考えられる。
　同様に、「自由を手にすることは、あらゆるものを手にすることに勝る」という19世紀の作家イリヤ・チャフチャヴァゼ Ilia Chavchavadze（1837-1907）が残した言葉を歌った次の歌も、近代以降に創作されたものと考えられる。

《グルジア人よ、剣を手に取れ Kartvelo, Kheli Khmals Ikar》

グルジア人よ、剣を手に取れ
誇りに満ちた日の朝が来た
銃剣を手に取るのだ
勝利の時は来た
父祖の地が解放される日が
父祖の地は我々に助けを求めている
自由を手にすることは
あらゆるものを手にすることに勝る
父祖の地を救う男たちの剣と心と、
大胆不敵な男たちの忠誠心は強固なものだ
我々は父祖の地に身を捧げるのだ
父祖の地を救い、敵の支配から解放するために、
命を落としたとしても
それは、我々にとって名誉なことだろう
グルジア人よ、剣を手に取れ
誇りに満ちた日の朝が来た
銃剣を手に取るのだ
勝利の時は来た！

19世紀にはさまざまな詩の創作が進んだ。露土戦争に参戦したイメレティ地方出身の軍人ギオルギ・チャラディデリ Giorgi Chaladideli（1847-1898）の詩『ぼろ小屋』（1870）の一節は、戦の歌として歌われるようになったことで知られる。

《ケイスルリ Keisruli》

イメレティ地方

> サメグレロ風のぼろ家が好きなのさ
> 小高い丘の上に建つ
> 木製の板屋根はなく
> 細かい竹編みの壁で造られた

　「ケイスルリ」はローマ皇帝ユリウス・カエサルのグルジア語読み「ケイサリ」に由来する歌の名称であり、勇ましい性格の戦の歌を意味する。なお、この歌の歌詞は、イメレティ地方やサメグレロ地方に伝わる民謡《ぼろ小屋が好きなのさ Mikvars Patskha》としても歌われ、「小屋のなかには美女がいて、アブハジア風の服を着ている」といった歌詞が加わる。かつてのサメグレロ地方には、この歌にあるような、藁の屋根と竹編の壁で造られた「パツハ Patskha」と呼ばれる家屋が立ち並んでいた。

　ロシア帝国のもとで近代化が進んだ 19 世紀以降に創作された詩には、こうした伝統的な藁ぶき屋根の家のほか、山々に囲まれた故郷に心の拠りどころを見出そうとする人々の心情が反映されている。

《私は小さなグルジア人 Me Patara Kartveli Var》

グリア地方

> 私は小さなグルジア人
> コーカサスの山の子さ
> たとえほかが素晴らしいところだとしても、ここで死ぬことを選
> 　ぶのだ
> カルトリ・カヘティ、イメレティ、グリア、サメグレロ
> すべてが私の愛する故郷だ

誰もが讃える父祖の地は、聖母マリアの御加護のもとにある
幾多の辛酸を舐め、多くの甘き日をも見た
時に敵が猛威を振るったならば、辛い涙で目を曇らせた
光り輝くときが続いたダヴィト王とタマル女王の治世！
私は小さなグルジア人、誇り高い民の子さ
私は、生きるときも死ぬときも、父祖の地の栄光とともにあることを願う！

　この歌にあるように19世紀はグルジア人のあいだで、民族意識が高まっていった時代であった。民族意識の萌芽を歌ったこの歌は、20世紀のサメグレロ地方出身の詩人ドゥトゥ・メグレリ Dutu Megreli（1867-1938）の同名の詩（1901）に基づくものである。
　彼と同時代の詩人アカキ・ツェレテリの詩もまた、地方の民謡のほか、都市部の民謡で歌い継がれる。イメレティ地方の貴族の家庭に生まれたツェレテリは、地方の人々に読み書きを普及させるなど、近代化に貢献した。ツェレテリはまた、20世紀初頭にラチャ地方を訪れたことで知られ、ラチャ地方には彼の訪問にまつわる次のような歌が残っている。

《ツェレテリは我々に呼びかけた Tseretelma Dagvibara》

ラチャ地方

ツェレテリは我々に呼びかけた
彼はラチャ地方の選り抜きの勇士たちを、
羊の群れのようにゲビ村から連れ出した
我々はオニの町々に連れていかれ、
瓶に入った葡萄酒を振舞われ
いい気分にさせてくれた

　ツェレテリが 20 世紀初頭にラチャを訪れた際の映像は無声記録映画として残っており、人々が長蛇の列を作り、時には輪舞を踊り、彼を歓迎していた様子が明らかにされる。ツェレテリは、さまざまな詩のほかに、カルトリ・カヘティ王国のエレクレ 2 世の生涯を描いたオペラ『小さなカヘティの人』（1892）を残したことでも知られる。カルトリ・カヘティ地方には、このオペラの台本の一節を歌った民謡が伝わる。

《彼らは遅れた Daigvianes》

カルトリ・カヘティ地方

彼らは遅れた
どこにも見えない
しかし彼らの耳が、サラムリの音を聴いたならば
その一風変わった音色で、彼らはこちらへ磁力のごとく引き寄せ
　　られるだろう
誰がクヴァブリゼを名乗り、羊飼いを名乗るのか？
向こう側の平原には、私の仲間たちがいる
彼らは豹のごとく勇敢に敵に立ち向かうが、
私は羊の群れのなかに隠れている

彼らは残酷に敵を切りつけ、その心は激昂している
一方で私は女のように涙を溢し、みじめな愛で心を震わせる

それからどうなったのか？
他の大きな課題が、我々の前に立ちはだかる！
しかしながら、これは私にとって不本意なこととして生じたこと
　　だ！

私の心をのぞく者よ、私は悪くない！

彼らはまだ見えない
おそらく去り、どこかへ行ったのだろう
私には見えなかった
おお私の神よ！　いずれにせよ
私の進路は、暗澹（あんたん）たるものだ！

　このツェレテリのオペラ音楽は、作曲家のニコ・スルハニシュヴィリ Niko Sulkhanishvili（1871-1919）によって創作されたが未完となった。しかしながら、羊飼いレヴァン・クヴァブリゼによるオペラ冒頭のアリアだけが作品の舞台となったカルトリ・カヘティ地方に広まり、歌われるようになった。劇中でクヴァブリゼはカルトリ・カヘティ王国のエレクレ2世の王宮に遣えていたが、内乱から追放され、羊飼いに身を窶していた。クヴァブリゼは、かつての仲間たちがダゲスタンからの侵入者と戦う様子を、物陰から惨めに眺めている。
　ツェレテリの詩は、19世紀の末に、彼の出身地であるイメレティ地方のクタイシ市から広まっていった。

《私の蛍よ Chemo Tsitsinatela》

クタイシ市

私の蛍よ
なぜゆっくりと空を漂っている
遠いところに見えるお前の輝きは
私を燃やし、傷つけた
お前は光り輝く、素晴らしい人だ
しかし、私はお前の役に立たない

私はお前が欲しかった
しかし、お前は別のところにいる

私の蛍よ
ゆっくりとどこへ飛んでいくのだ
私はお前にすべてを捧げる
ほかの奴らは、お前にとって信用できないのだ！

私といっしょにいることは、お前にとって素晴らしいことだろ
　　う？
お前がほかの奴といっしょにいることは、私にとって嘆かわしい
　　ことだ
お前は暗闇のなかにある者たちを照らす
しかしながら私は太陽のもとにあっても、お前の役に立たない

お前は誰を信頼しているのか？
私のところへ飛んできて、私を照らすのだ
私も、自らの暗闇を明るくしよう！
私が今まで信じていたことはもうたくさんだ
これからは、自分を信じるのだ
そのとき、この世のなかは私に、お前に憧れ続けることを止めさ
　　せるだろう
私の蛍よ、この地上のどこをゆっくりと漂っているのか？
遠いところで光っているお前は、折り悪しく、私を傷つけた！

　アカキ・ツェレテリの同名の詩（1869）に基づくこの歌は、三部合
唱で歌われる。「しかし、お前は別のところにいる」という中間部の

歌詞のあとに、原作のツェレテリの詩は、かつて民間療法のなかで重要な役割を果たした血を吸う「蛭（ひる）」と、蜂蜜をもたらす「蜂」、そして絹をもたらす「蚕（かいこ）」という三つの虫が、蛍にとって有益だと諭す内容が続いているが、歌われることはない。こうした三つの重要な存在は、ツェレテリの詩を歌った《スリコ》にも登場する。

《スリコ Suliko》

クタイシ市

愛する人の墓を探していたが、
見つけられなかった
私はすすり泣いていた
私のスリコはどこへ行ったのだ

刺の林に咲く薔薇（ばら）の花に私は気がついた
薔薇は孤独に咲いていた
心を震わせながら私は尋ねていた
「スリコ、あなたかい？」と

花は返事をする代わりに、
萎（しぼ）み、うなだれた
神々しい真珠の露が、
涙のように地面に流れ落ちた

歌を忘れたサヨナキドリは、
葉のなかに隠れてしまった
私は暗がりにいる小鳥にやさしく話しかけた
「スリコ、あなたかい？」と

鳥は羽ばたきはじめ、
薔薇（ばら）の花に口づけをして、
震え声とうめき声で鳴いた
まるで、「そうだよ」、と言っているかのように

星が我々を照らし、
光が舞い降りた
私は星をやさしく見つめながら尋ねた
「スリコ、あなたかい？」と

星は私に目くばせし、
光が私に差し込んだ
それと同時にそよ風も、
私の耳に嬉しそうにささやいた

「星は、あなたが探し求めていたものだ
残って、休んでいきなさい！
もはや悲しむことなく、
昼と夜を過ごすのだ

あなたが愛した一人は、
星とサヨナキドリと薔薇の花の三つとなって現れた
なぜならあなたはそれらを
この世界で唯一の存在として愛したからだ」と

私は気づいたのだった！
愛する人の墓をもはや探していないことに

我が人生に思い残すことはなく、
もはや苦い涙を流すことはないだろう！

サヨナキドリのさえずりに耳を傾け、
薔薇<ruby>薔薇<rt>ばら</rt></ruby>の花の匂いをかぎ、ゆかいに星を見ると、
私は何かを感じ、それと同時に、
言葉を失っている！

私の人生は、なんと今まで
悲しみに満ちていたことか
今では、どこにいるか知っている
三つの住み家をもつ、スリコよ！

　この歌は、世界的に知られるグルジア民謡であり、日本にもロシア
（ソ連）民謡とともに入ってきている。アカキ・ツェレテリの同名の
詩（1895）に、妻のバルバレが旋律をつけたものである。星とサヨナ
キドリと薔薇の三つに姿を変えたスリコの話は、キリスト教の三位一<ruby>三位一<rt>さんみいっ</rt></ruby>
体<ruby>体<rt>たい</rt></ruby>説を反映したものだと考えられている。「スリコ」は男女の両方に
共通する名前である。
　トビリシ生まれの詩人イヴァネ・ケレセリゼ Ivane Kereselidze
（1850-1892）の詩（作年不明）に基づく次の歌もよく知られる。

《ああ！　ズルナ吹きよ Akh Mezurnev》

トビリシ市

ズルナ吹きよ、吹け、吹くのだ
吹くのだ、そして気の向くままにダイラを叩け
もしお前が、父祖の地の子ならば、その甘美な調べを私に聴かせ

　続けるのだ

　そのゆかいな音は、時に私を辛くし、母なる大地の悲しみを伝え
　　るのだ
　その調べは父祖の過ごしてきた日々を私に思い起こさせ、私の心
　　を辛くするのだ
　その音は我々の苦い経験を、私に伝えるのだ

　この歌は、トビリシの風物詩であるズルナ吹きについて歌ったもの
であるが、その旋律は、西洋の和声に基づくものであり、どちらかと
いうとクタイシの民謡を彷彿とさせる。ズルナは中東地域に広まる管
楽器であるが、戦の合図のラッパのような耳を劈く音は、「甘美な調
べ」とは言い難い。類似する形状の楽器で、穏やかな音の響きをもつ
ドゥドゥキを指していることも考えられる。ダイラは大型のタンバリ
ンのような太鼓で、ズルナやドゥドゥキのような管楽器とともに演奏
された。
　ギオルギ・スカンダルノヴァ Giorgi Skandarnova（スカンダリアン、
1850-1917）の詩に基づく悲恋の歌も知られる。

《私の両目の光よ Ortav Tvalis Sinatlev》

トビリシ市

私の両目の光よ
なぜ機嫌を損ねている？
私は暗闇に座っている、私を光で照らすのだ
それまでゆっくり休むがいい

薔薇よ、お前が花を咲かせるときを待っている

私はお前に伝えたい言葉がある
お前の刺に惹きつけられた私は
苦い涙を溢す

どうしろというのだ！　私はお前といっしょにいたい！
弧を描いてすっとお前のところへ飛んでいきたいものだ
朝から晩までお前を抱きしめることを願っている
私のほかに、何も考えないでほしい

私の心の渇きを癒やす、
恵みの乳をもたらす牛のような存在として生まれたお前を
私は、幾晩も、片時も忘れることなく、
照らしてきたのだ！

　スカンダルノヴァはスカンダリアンという本姓をもつアルメニア人
の詩人であったが、19世紀のトビリシで活動し、グルジア語でさま
ざまな詩を創作したことで知られる。
　19世紀末から20世紀のトビリシの吟遊詩人イェティム・グルジ
（1875-1940）の詩を歌った歌もよく知られる。革職人の子を意味する
「ダブギシュヴィリ」という本姓をもつ彼の父方の先祖は、オスマン
帝国が侵略してきた際に、捕虜としてトルコへ連れていかれイスラム
教に改宗した。その際に「グルジ」という姓を与えられた。イェティ
ム・グルジの母はアルメニア人であり、多様な民族が暮らしたトビリ
シの旧市街で、グルジア語のほか、アルメニア語やアゼルバイジャン
語の歌をドゥドゥキの伴奏で歌った。

《私の歌を誰がわかろう Chems Simgheras Vin Gaigebs》

トビリシ市

私の歌を誰がわかろう
何のために私は泣いているのか
私に情けをかける者よ
お前の不幸は私のものだ

エデンの園に咲く春の薔薇のようなお前よ
この世に咲く、花々のすべてを体現するかのような

私はこれ以上、悲しみを心のなかに住まわせることはできない
もう耐えられない、私は！
もはや掘るところがなくなった彫刻家の石に、私は興味を示さな
　いのだ！

お前と私の出会いは、甘美な言葉とともにおとずれた
しかしなぜ、お前は私の心のかまどの炎を永遠に激しく燃えさせ
　るのか？

お前の心は穏やかだった
しかしなぜ、鋼のように変化してしまったのか？
誰の言葉がそうさせたのか？
お前のイェティム・グルジは歌うのだ

私の薔薇よ
傷ついた、私の美しい人よ
私に手をさしのべてくれ

手をさしのべてくれ、私の希望よ！

古い家屋が残るトビリシの旧市街

コラム 13　19 世紀の知識人と民謡

　ロシア帝国に併合された 19 世紀以降のグルジアでは、ペテルブルグ大学に留学した経験をもつ、イリヤ・チャフチャヴァゼやアカキ・ツェレテリらを中心に、民族文化としての民謡に対する関心が高まった。民族意識に目覚めた彼らは、イランやトルコなどの近隣地域の単旋律の歌謡とは異なる合唱形式の民謡を民族文化として保存することの重要性をグルジア語の新聞や文芸誌のなかで訴えた[注1]。イメレティ地方のクタイシ近郊の村で育ったツェレテリは、若いころから民謡に関心をもっていた。彼は、ペテルブルグ留学中に、望郷の念にかられて綴った『サラムリ』(1861) のほか、『イメレティ地方のナニナ（子守歌）』(1864) など、民謡にまつわる詩を残したことで知られる。

　19 世紀末には M・マチャヴァリアニ Machavariani（生没年不詳）による『祖国の歌声 Samshoblos Khmebi』(1878) や、A・ベナシュヴィリ Benashvili (1868-1941) による同じく『祖国の歌声』(1886) といった民謡楽譜集が出版され、トビリシやクタイシでは民謡合唱団が活躍した。

　20 世紀の初頭には、作曲家のディミトリ・アラキシュヴィリ Dimitri Arakishvili (1873-1953) によってグルジア各地の民謡が収集され、その音楽的特徴が明らかにされた。アラキシュヴィリは、合唱形式の民謡をグルジアの代表的な音楽文化として、ロシア帝国の音楽界に紹介した。アラキシュヴィリがグルジアを代表する音楽として合唱を紹介した背景には、チャイコフスキーのほか、管弦楽曲《コーカサスの風景》(1894) で知られる M・イッポリートフ＝イヴァノフら、19 世紀末のロシアの作曲家のあいだで、グルジアの民謡がイランやアラブ諸国の単旋律の音楽に類似したものだという認識が存在したことがあった。19 世紀ロシアの作曲家の「グルジア音楽」に対するイメージは、《イアヴ・ナナ》の旋律を用いたチャイコフスキーの〈アラビアの踊り〉（バレエ組曲《くるみ割り人

注 1　19 世紀グルジアの知識人の活動に関しては、以下の論文が詳しい。伊藤順二「グルジア語読本とロシア語読本の共犯関係：グルジア識字普及協会の活動」橋本伸也編『ロシア帝国の民族知識人：大学・学知・ネットワーク』昭和堂、2014 年、178-186 頁。

形》より）という曲名にも反映されているといえる。

　一方で、トビリシやクタイシでは、19世紀ごろからグルジア民謡をレパートリーとする合唱団が組織され、「グルジア音楽」の対外的なアピールが進んでいた。20世紀になるとグルジア人の作曲家によって民謡を題材としたグルジア語のオペラが創作されはじめ、トビリシ音楽院（V. Sarajishvili Tbilisi state conservatoire）に名を冠するヴァノ・サラジシュヴィリ Vano Sarajishvili（1879-1924）など、イタリアで学んだ専業のオペラ歌手も活躍するようになった。

　20世紀初頭にモスクワ音楽院で学んだ作曲家のザカリア・パリアシュヴィリ Zakaria Paliashvili（1871-1933）によって創作された四幕からなるオペラ《アベサロムとエテリ Abesalom da Eteri》（1919）および《ダイシ Daisi（日没）》（1923）は、男女の恋の三角関係による悲劇を題材とした民間伝承に基づくもので、もっとも有名なグルジア語のオペラである。現在の国歌はこれらのオペラの旋律をもとに作られたものである。パリアシュヴィリのオペラには、《アフタンディルは狩りに出た》や《アリ・パシャ》、《ツァンガラと娘》などの有名なグルジア民謡のほか、「カルトゥリ」などのきらびやかな民俗舞踊が登場する。《ダイシ》の主人公キアゾの恋敵マルハズが歌うアリアは、単独でも歌われる有名な作品で、アカキ・ツェレテリによる悲恋の詩『私の頭よ Chemo Tavo』（1871）に基づくものである。

　パリアシュヴィリ記念トビリシ国立オペラ・バレエ劇場の《アベサロムとエテリ》の舞台は以下で視聴可能だ。
　　▶ https://www.youtube.com/watch?v=lynmqkEfDAw

第 3 章

代表的な民謡歌手と演奏グループ

──録音案内つき

　20世紀初頭から現在まで、グルジアでは実にさまざまな合唱をはじめとする民俗音楽の演奏家が活躍してきた。彼らはカヘティやサメグレロ、グリアなどの地方で活動する存在であったが、ソ連期に開催された地方の民謡愛好家のコンクールなどを通じて、グルジア全域で知られるようになり、国民的歌手として活躍するようになった。ここで紹介する演奏家はそのうちのほんのわずかに過ぎないが、そのほとんどが、現在も親しまれる存在である。

1．代表的な民謡歌手

カルトリ・カヘティ地方

　グルジアの東部カルトリ・カヘティ地方では現在も多くの民謡の歌い手が活躍する。カヘティ地方を代表する民謡歌手アンドロ・シマシュヴィリ Andro Simashvili（1923-2019）は90歳を超えてもなお、カヘティ地方の中心となる町テラヴィで歌の指導に携わり、「アンドロ爺さん」の愛称で若い世代から親しまれ、《オロヴェラ》（p. 90）をはじめとするカヘティの民謡を得意とした。「生涯現役」の歌手であったアンドロ爺さんの活躍が象徴するように、カルトリ・カヘティ地方では、20世紀初頭からさまざまな民謡の歌い手が活躍してきた。

若き日のアンドロ・シマシュヴィリ率いるカヘティの合唱団

❖ サンドロ・カヴサゼ Sandro Kavsadze（1874-1939）

　カヴサゼは20世紀を代表するカルトリ・カヘティ地方の民謡の歌い手として知られる。19世紀末からトビリシで合唱団を組織していたカヴサゼの歌声は、20世紀初頭に南北コーカサスに進出していたイギリスのレコード会社「グラモフォン Gramophone」によって1909年に録音され、牛車乗りの歌《ウルムリ》（p. 146）、《舟歌》（失恋の歌、p. 136）などの録音が残る。

　優れた主旋律の歌い手だったカヴサゼは、カルトリ地方カスピ地区のホブレ村で聖職者の息子として生まれた。同時期に東部で活躍した民謡歌手の甥ミヘイル・カヴサゼ Mikheil Kavsadze（1880-1951）とともに、20世紀前半のグルジアの合唱を盛りあげるうえで欠かせない存在であった。トビリシで活躍したあと、カヴサゼは1911年から西部のクタイシで炭鉱労働者からなる合唱団を組織し、数十年あまり指導者として活躍した。

　その後、ソ連期の1930年代に、モスクワで開かれるグルジア音楽

の祭典へ出場するための準備が進むなか、故郷の東グルジアへ戻り、新しく合唱団を組織した。この合唱団はやがて西部の合唱団と統合し、グルジアを代表する国立歌舞アンサンブルとなり、カヴサゼの死後もグルジア文化を対外的にアピールするうえで重要な役割を果たした。

❖ レヴァン・アサバシュヴィリ Levan Asabashvili（1856-1934）

　アサバシュヴィリはカヴサゼと同時期に東グルジアで活躍したカヘティ地方のシルダ村生まれの歌手である。彼は「母さん子のレヴァン Dedas Levana」という愛称で親しまれた。このあだ名は幼いころになかなか乳離れできなかった彼を 嘲 ってつけられたものであるが、成人したあとも定着したようである。アサバシュヴィリの録音として、1912 年にグラモフォンによって録音された《カヘティ地方のムラヴァルジャミエリ》（p. 78）などが残る。

❖ マロ・タルフニシュヴィリ Maro Tarkhnishvili（1891-1969）

　タルフニシュヴィリは 20 世紀のグルジアを代表する女性の民謡歌手である。カルトリ地方のカクティスヘヴィ村の地主の家に生まれた彼女は、姉のエカテリネ Ekaterine Tarkhnishvili（1880-1956）とともに 1910 年代からカルトリ地方の町ゴリで合唱団を組織し、ソ連期も民謡のコンクールで活躍を続けた。彼女は姉とともに《彼らは遅れた》（p. 191）や《ウルムリ》（p. 146)、《我々は浮世の客》（p. 157)、《チョナ》（p. 115）などのカルトリ・カヘティ地方の三部合唱の録音を残した。

　タルフニシュヴィリが歌う《ウルムリ》は以下のサイトで視聴できる。

　▶ https://www.youtube.com/watch?v=uD3QpABLCqQ

❖ミハ・ジガウリ Mikha Jigauri（1869-1850）

　ジガウリはカヘティ地方のカカベティ村で生まれた。グルジアのソ連併合に反対していた彼は、1920年代から30年代のトビリシで頻繁におこなわれた民謡コンサートのステージでカヘティ民謡を歌い、伝統文化の普及に尽力した。1930年にモスクワとレニングラード（現サンクトペテルブルグ）でおこなわれた音楽の祭典に招待された彼は、《年老いた私》（p. 159）などのカルトリ・カヘティ民謡の録音を残した。

❖ヴァノ・ムチェドリシュヴィリ Vano Mchedlishvili（1903-1970）

　ムチェドリシュヴィリもカヘティ地方のカカベティ村で生まれ、ジガウリとともに1920年代から30年代に活躍した歌手である。ムチェドリシュヴィリは、カヴサゼらの東西グルジアの合唱団が合併して成立した国立歌舞アンサンブルの団員として活躍したあと、東部で合唱の普及に携わった。村々をめぐり古老から歌を学んだ彼は、《ツィンツカロ》（p. 136）、《黒い瞳の娘よ》（p. 130）、《冬》（p. 156）、《ガレカヘティのサチダオ》（p. 177）、《チャクルロ》（p. 150）など現在も親しまれるカルトリ・カヘティ地方の民謡を人々のあいだに普及させるうえで重要な役割を果たした。ムチェドリシュヴィリが定着させた民謡のレパートリーは、20世紀のグルジアを代表する民謡歌手、ゴナシュヴィリの歌手活動にも影響を与えた。

❖ハムレト・ゴナシュヴィリ Hamlet Gonashvili（1928-1985）

　おそらくグルジアでもっとも有名な民謡歌手はゴナシュヴィリであろう。カヘティ地方のアナガ村に生まれた彼は、彼の代名詞となるカルトリ・カヘティ民謡《アナガの若者よ》（p. 187）のほか、《彼らは遅れた》（p. 191）や《オロヴェラ》（p. 90）、《ツィンツカロ》

（p. 136）どの代表的な東部の民謡の録音を残した。特に、悲恋をパンドゥリの伴奏で歌った恋歌《お前がこんなにも美しかったならば Tu Ase Turpa Ikavi》は有名である。「菫よ、お前がこんなにも美しかったならば、なぜ気づかせることができなかったのか、なぜなら、私の心は、お前を愛するために開かれていなかったのだ」という男性の回想ではじまるこの歌は、女性の期待に応えることのできなかった男性の恋の悲しみを歌ったものである。男性の回想のあと、「今では別の庭師が私と出会い、私を可愛がってくれている」という女性（菫）の「返歌」が続いている。このほか、ゴナシュヴィリがパンドゥリの伴奏で歌った恋歌として、《雉の首のごとく美しい Khokhbis Kelivit Lamazi》も有名である。この歌は、雉の首と翼をもつような美しい女性を思い続ける男性の恋心を歌ったものである。

　カヘティ東部の村、アナガで生まれ育ったゴナシュヴィリは、幼いころから母親に似て歌好きの少年であった。少年期をカヘティで過ごし、生物学を学んだ。その後、トビリシで観光ガイドとして働きはじめてからも、歌への情熱を諦めることができなかったゴナシュヴィリは、トビリシ音楽院に入学しようとするが断念し、その代わりに演劇学校へ入学した。運よく、ここでゴナシュヴィリは音楽関係者の目に留まった。その美声から国立歌舞アンサンブルの団員に抜擢されたのだ。このアンサンブルで活躍したあと、ゴナシュヴィリは、1968年に設立された国立アンサンブル「ルスタビ」の花形歌手となり、1980年にグルジアの人民芸術家の称号を獲得している。華やかな社交にもさほど興味を示さず、どちらかというと世俗に超然とした性格であったゴナシュヴィリは、不慮の事故で亡くなる晩年まで、ルスタビで歌手業に専念した。

　彼にはいろいろと逸話が残る。のちに彼の妻となる女性とは、彼女が偶然ラジオで聴いたゴナシュヴィリが歌うカルトリ・カヘティ民

謡《彼らは遅れた》が、縁結びのきっかけになったとか、あるときは急性虫垂炎のなか、医者が勧める手術を断り、病身に鞭打ってステージに立ったとか、彼が主催したコンサートのあと、ルスタビのメンバーと打ちあげの宴席を楽しみ、歌い明かしたその翌日、アナガの実家で突然ベランダから落ちて亡くなったとか、その人生を含め「伝説の歌手」として語り継がれる存在である。

ハムレト・ゴナシュヴィリ

　その歌声は、グルジアを代表する作曲家ギア・カンチェリ Gia Kancheli（1935-2019）の目にも留まり、ゴナシュヴィリはカンチェリの交響曲第三番（1973）にソリストとして起用された。このほかゴナシュヴィリは、20 世紀のグルジアを代表する詩人ガラクティオン・タビゼ Galaktion Tabidze（1891-1959）の詩に基づく《Mzeo Tibatvisa 刈り入れどき（6 月）の太陽よ》などの現代歌謡曲の優れた録音も残している。

　死後もなお「不滅のサヨナキドリ」と称されるように、稀有な美声と、誰も真似をすることのできない、ゴナシュヴィリ独自の「メリスマ」の解釈に基づくカルトリ・カヘティ民謡の録音の数々は、「名盤」として現在も人々のあいだで親しまれている。

　ゴナシュヴィリが歌う《お前がこんなにも美しかったならば》は以下のアドレスで視聴できる。

　▶ https://www.youtube.com/watch?v=Q7ZiUWfWibY

❖イリヤ・ザカイゼ Ilia Zakaidze（1924-2008）

　イリヤ・ザカイゼもまた、ゴナシュヴィリと並び、国民的歌手として親しまれる一人である。ザカイゼは北東山麓の町ドゥシェティ出身であるが、《カヘティ地方のムラヴァルジャミエリ》（p. 78）など、カルトリ・カヘティ地方の民謡の名演を残した。復活大祭の歌《チョナ》（p. 115）は、ゴナシュヴィリが主旋律を、ザカイゼが副旋律を歌った録音が有名である。また、ザカイゼらが歌った《チャクルロ》（p. 150）は、1977 年に打ちあげられた無人宇宙探査機ボイジャー号に搭載されたゴールデンレコードに収録されたことで知られる。

　ザカイゼはまたパンドゥリの名手でもあった。北東山麓のドゥシェティで生まれた彼は、1950 年代にこの地域の民謡コンクールで活躍し、民謡歌手としての知名度を得たあと、国立歌舞アンサンブルの団員に抜擢された。当時、このアンサンブルではパンドゥリなどの民俗楽器のオーケストラ編成に力を入れていた。一方でザカイゼは、こうした試みに反対であり、伝統的な単独によるパンドゥリの演奏を好んだ。ザカイゼは、ゴナシュヴィリとともに 1980 年に人民芸術家の称号を獲得している。

　ザカイゼはパンドゥリでさまざまな叙事詩を歌ったが、特に、北東部山岳地帯に伝わる譚歌《豹と若者 Vepkhisa da Mokmisa》は有名である。狩りに出た青年が、豹に遭遇し、互いに取っ組みあいの喧嘩をした挙句、両者とも谷底へ転落し、死んでしまった。若者の死を知った母親は悲しんだ挙句、豹の母親に会いにいき、お互いに慰めあったという伝説に基づく歌である。このほか、ザカイゼが叙事詩を歌ったものとして《タマル女王 Tamar Mepe》が有名である。この歌は実際にどこにあるのかわからないタマル女王の墓の伝説を歌ったものである。中世におけるグルジアの栄華を象徴するタマル女王の存在は、インドまで知れ渡っていた。女王は公に活躍する華やかな存在であった

一方で、自らが亡くなったあと、人目につかないところにそっと葬っ
てほしいと考えていた。女王の死後、二人の家来の青年が、九つの墓
を掘り、そのどこかに遺体を隠し、秘密を守るために、自らの命を女
王に捧げた伝説を歌ったものである。

イリヤ・ザカイゼ

　イリヤ・ザカイゼが上声部を、ヌグザル・クルツハリア（1952-）が
主旋律を歌う《カヘティ地方のムラヴァルジャミエリ》は以下のサイ
トで視聴できる。

▶ https://www.youtube.com/watch?v=a6FahylqbhU

サメグレロ地方

　黒海沿岸に面し、北はアブハジアと接する西部のサメグレロ地方では、メグレル語による三部合唱が歌われてきた。数年前に亡くなったサメグレロを代表する民謡歌手、ポリカルペ・フブラヴァ（Polikarpe Khubulava, 1924-2015）は、彼のアンサンブル「オドイア」で、90歳近い晩年においても、合唱の指導に携わり、若い世代に慕われていた。ポリカルペの父もまた、かつてこの地域で活躍した民謡歌手であった。サメグレロ地方もまた、カヘティなどと並び、合唱の伝統が根づいてきた地域である。

❖ キリレ・パチコリア Kirile Pachkoria（1889-1967）

　パチコリアは、メグレル語で歌われるサメグレロ地方の民謡をグルジアに普及した重要な人物である。ツァレンジハ地区のリア村に生まれた彼が、この地方の歌手を集めて組織した合唱団は 1920年代から30年代のグルジアでもっとも影響力をもち、モスクワやレニングラードでもコンサートをおこなった。1930年代末に、パチコリアの合唱団はカルトリ地方のサンドロ・カヴサゼの合唱団と統合し、グルジアを代表する国立歌舞アンサンブルとなった。

　パチコリアは《ウトゥの進軍》（p. 149）や《チェラ》（p. 144）のほか、《バタ、行ってしまったの？》（p. 138）など、現在もよく知られるサメグレロ民謡の録音を 1930年代に残している。

　サメグレロ地方では、パチコリアの前に、ズク・ロルア Dzuku Lolua（1877-1924）という民謡歌手が古い歌を復活させるために活躍していた。しかし彼は若くして病死してしまったため、彼に代わってパチコリアがサメグレロ地方の合唱を盛りあげることに尽力したの

だ。

　1930 年代に活躍したパチコリアの合唱団は、農村に伝わる古い民謡をステージで博物館的に再現するものとトビリシの音楽関係者のあいだでみなされていた。実際に当時のパチコリア合唱団では、各旋律が大勢の歌手によって歌われ、必ずしも農村で昔から歌われていた合唱の様式を厳密に再現したものではなかったが、地方出身者が伝統的なチョハを着て歌うスタイルから、「ユスノグラフィー合唱団 Etnograpiuli Gundi」と呼ばれた。ルスタビなどの、現在ではおなじみの民族衣装を着て歌う男声合唱団のスタイルは、この時期に定着した可能性がある。

❖ ノコ・フルツィア Noko Khurtsia（1908-1940）

　フルツィアもまた、パチコリアと並ぶサメグレロ地方の重要な歌手である。バタリア村で生まれた彼はその短い生涯において、《ウトゥの進軍》（p. 149）のほか、収穫の歌《オチェシュ・フヴェイ》（p. 92）など、当時、忘れられかけていた民謡の数々を復活させ、サメグレロ民謡のレパートリーとして定着させた。

❖ エレネ・チュババリア Elene Chubabria（1905-1979）

　チュババリアはサメグレロ地方を代表する女性歌手である。彼女はアチャラ地方の港町バトゥミの生まれだが、語尾が「ア」で終わっているサメグレロ系の姓からも明らかなようにこの地方に出自をもつ歌手で、サメグレロ民謡を歌い、1930 年代から 40 年代にかけてパチコリアやフルツィアらとともにサメグレロ地方を代表する歌手として活躍した。

　チュババリアは、1930 年代に音楽教育家のアヴクセンティ・メグレリゼ Avksenti Megrelidze（1977-1953）が組織した民俗楽器チョング

リ奏者の女性からなる合奏団の団員としても活躍した。チョングリは本来単独で演奏することが多い楽器であり、メグレリゼの合奏団については、現在では非伝統的であるという意見もある。しかしながらこの合奏団は、男声合唱が優位なグルジアの民謡世界において、女性歌手の活躍を促すうえで重要な役割を果たしたという見方もできる。

　チュバブリアはメグレリゼとともに、1930年代から40年代に《ディドウ・ナナ》（p. 144）や《チェラ》（p. 144）、《私のシャルヴァよ》（p. 184）などの有名なサメグレロ地方やグリア地方の民謡の録音を残している。

グリア地方

　グリア地方の歌手もまた、グルジアの合唱文化において重要な役割を果たしてきた。現在も活躍する地方出身の民謡歌手としてアンサンブル「ルスタビ」の指導者アンゾル・エルコマイシュヴィリ Anzor Erkomaishvili（1940- ）が有名である。これから紹介するようにエルコマイシュヴィリ家はグリア地方で数多くの歌手を輩出してきた家系である。

❖ギゴ・エルコマイシュヴィリ Gigo Erkomaishvili（1840-1947）

　アンゾル・エルコマイシュヴィリの曽祖父であるギゴは、グリア地方のアケティ村で生まれた。彼が低音のバニを歌う《ハサンベグラ》などのグリア民謡が、20世紀初頭にイギリスのグラモフォン社によって録音されている。父からさまざまな歌を教わったギゴは、成人後は近隣のマクヴァネティ村に住むギオルギ・バビロゼ Giorgi Babilodze（1835-1931）らとともに活動した。

　ギゴの合唱団で上声部を歌ったバビロゼは、「ガムキヴァニ Gamkivani」と呼ばれるクリマンチュリより高く、繊細な珍しい声を出すことができた。バビロゼはグリア地方の合唱に欠かすことのできない存在であった。

　ギゴの 10 人の子どものうちアンゾルの祖父であるアルテム Artem Erkomaishvili（1887-1967）のほか、ラディコ Ladiko Erkomaishvili（1897-1982）とアナニア Anania Erkomaishvili（1891-1977）らがのちの世代のグリア民謡の歌い手として活躍した。

❖ サムエル・チャヴレイシュヴィリ Samuel Chavleishvili(1857-1932)

　クリマンチュリの名手として知られたチャヴレイシュヴィリは、「グリアのサヨナキドリ」と呼ばれた。ルスタヴェリの叙事詩『豹皮の勇士』の冒頭部分を歌った《我、ルスタヴェリ Me Rustaveli》のほか、宴席の歌《アラヴェルディ》（p. 80）などのグリア民謡の録音を残している。20 世紀初頭からバトゥミやポティ、クタイシなどの西グルジアの各地で歌い、グリア民謡の普及に努めた。その後 1920 年代から 30 年代にかけてトビリシでも活動し、東グルジアにもグリア民謡を広めた。

❖ ヴァルラム・シモニシュヴィリ Varlam Simonishvili（1884-1950）

　シェモクメディ村で生まれたシモニシュヴィリは、アナニア・エルコマイシュヴィリらとともに 1920 年代から 30 年代のグリア地方で活躍した歌手である。グリア民謡の多くをチャヴレイシュヴィリから学んだ。彼が主旋律を歌った《アリ・パシャ》（p. 172）などの合唱のほか、チョングリの伴奏で歌う《朝》（p. 102）などの録音を残している。

❖ トリスタン・シハルリゼ Tristan Sikharulidze（1937- ）

　シハルリゼ家もエルコマイシュヴィリ家と並ぶグリア地方を代表する歌手の家系である。マクヴァネティ村で生まれたトリスタン・シハルリゼは現在も、従兄のグリ・シハルリゼ（Guri Sikharulidze, 1930- ）とともに活躍する歌手である。彼らの歌の師であったトリスタンの父は、アルテム・エルコマイシュヴィリとヴァルラム・シモニシュヴィリとともに活躍したグリア民謡の歌手だった。トリスタンはまた、指揮者のジャンスグ・カヒゼ Jansug Kakhidze（1936-2002）によって結成されたアンサンブル「シュヴィド・カツァ Shvid Katsa（七人の男）」のメンバーとして、1950 年代にモスクワの世界青年芸術祭で歌い脚光を浴びた。これまで、従兄のグリとともに《クロウタドリ》（p. 94）や《ムシクイ》（p. 95）など、数々のグリア民謡の録音を残している。

スヴァネティ地方

　北西部も合唱の伝統が根づいてきた地域だ。スヴァネティ地方で古い歌を若い世代に教えてきたイスラン・ピルパニ Islam Pilpani（1935-2017）は、亡くなる直前までチュニリを弾きながら彼の合唱団「リホ Riho」で歌っていた。スヴァネティ地方ではラタリ村の古老の合唱団など、現在も多くの歌い手が活躍する。スヴァン語で歌われる合唱の伝統は、20 世紀にこの地方で活躍した民謡歌手によって支えられてきた。

❖ ジョキア・メシュヴェリアニ Jokia Meshveliani（1928-1994）

　レクスラ村で生まれたメシュヴェリアニは、農業関係の仕事に就き

ながら、1950年代から民謡コンクールでチュニリの演奏を披露する
など活躍した。同時期にアンサンブル「リレ Lile」の指導者としても
活躍し、スヴァン語で歌われるスヴァネティ民謡の数々をグルジアに
広めた。メシュヴェリアニは《リレ》（p. 103）のほか、《タマル女王》
（p. 174）、《カンサヴ・キピアネ》（p. 174）などのスヴァネティ民謡の
録音を残している。

北東部山岳地帯

　トゥシェティ地方などの北東部山岳地帯は、合唱の盛んな地域では
ないが、ガルモニやサラムリなどの器楽の奏者を輩出してきている。

❖オマル・ケラプトリシュヴィリ Omar Kelaptrishvili（1943-1992）

　ケラプトリシュヴィリはカルトリ地方のカスピ地区の生まれだが、
サラムリで北東部山岳地帯の旋律を奏でた。トビリシ音楽院でフルー
トを学んだケラプトリシュヴィリはサラムリの名手であり、アンサン
ブル「ルスタビ」でも活躍した彼は、ソ連時代からフランスやドイツ
の国際芸術祭で活躍し、脚光を浴びてきた。しかしながら、1989年
に人民芸術家の称号を獲得し、将来を期待された矢先に亡くなった。
ケラプトリシュヴィリが生前に作った器楽アンサンブル「イアヴ・ナ
ナ」は、今では彼の名を冠して「ケラプタリ Kelaptari」として活動す
る。

❖レラ・タタライゼ Lela Tataraidze（1949- ）

　トゥシェティ地方に出自をもち、カヘティ地方のゼモ・アルヴァニ
村で生まれたタタライゼは、幼いころからアコーディオン「ガルモ

ニ」に親しんだ。トビリシの演劇学校に進んだあと、サメグレロ出身の女性歌手とカルテット「ケサネ Kesane（勿忘草）」を結成し、さまざまな抒情歌を歌う傍ら、ガルモニの伴奏でトゥシェティ地方の民謡を歌った。彼女が歌うトゥシェティ民謡として、《なんと美しいトゥシェティ Ra Lamazia Tusheti》や《誕生 Dabadeba》がよく知られる。国内だけでなく、フランスやイスラエルなどでも公演をおこなうなど、国際的に活躍する歌手の一人である。

トビリシ市

　トビリシは、旧市街を中心に、ドゥドゥキの演奏家が活躍してきた地域である。

❖グリシャ・クソヴレリ Grisha Ksovreli（1921-1994）
　トビリシに生まれたクソヴレリは、ドゥドゥキの演奏家として活躍した。人民芸術家の称号を獲得し、ヴァレリアン・クヴァチャゼ Kvachadze（1918-2006）監督の映画『年老いたズルナ吹きたち Beberi Mezruneebi』（1973）の音楽を担当したことでも知られる。クソヴレリが1960年に組織したアンサンブル「ソイナリ Soinari」は、彼の名を冠して「クソヴレレビ」として現在も活動する。

❖グラホ・ザハロフ Glakho Zakharov（1903-1992）
　グラホ・ザハロフはアルメニアに出自をもつ歌手だが、トビリシで生まれトビリシで亡くなり、現在もグルジアで親しまれる民謡歌手の一人である。1930年代末に国立歌舞アンサンブルでも歌手として活躍した彼は、グルジアのほか、アルメニアでも人民芸術家の称号を獲

得している。彼がグルジア語で歌ったトビリシの民謡《私の両目の光よ》（p. 197）、《私の歌を誰がわかろう》（p. 199）は名盤として残る。

クタイシ市

　クタイシでは、19世紀以降にロシア・西洋の音楽的影響のもとで成立した新しい民謡「ロマンス歌謡」の歌い手が活躍した。

❖イシュフネリ姉妹 Debi Ishkhnelebi

　20世紀を通じて活躍した、ニノ Nino（1898-1967）とタマル Tamar（1900-1994）、ジナイダ Zinaida（1902-1968）とアレクサンドラ Aleksandra（1904-1955）・イシュフネリ四姉妹のカルテットである。のちに、アレクサンドラの代わりにマリアム Mariam（1889-1973）が加わり、第二次世界大戦期も慰問演奏をおこない活躍し、1949年に人民芸術家の称号を獲得している。クタイシで生まれ育ったメンバーは、ギターの伴奏でツェレテリの《スリコ》（p. 194）などの新しい民謡を三部合唱で歌ったが、なかでも《あなた一人だけのために》の録音は有名である。

2. 代表的な演奏グループ

　前述した数多くの演奏家たちの活躍からも明らかなように、グルジアには民謡の演奏グループが存在する。それらをすべて紹介することは難しいが、ここでは、国際的に活躍する代表的なグループを紹介したい。

❖ルスタビ Rustavi

　日本では、民族合唱舞踊団「ルスタビ」として知られる。グルジアでもっとも有名な国立アンサンブルである。各地の合唱形式の民謡をはじめ、器楽、舞踊などレパートリーは広い。トビリシ音楽院で指揮を学ぶ学生だったアンゾル・エルコマイシュヴィリが、1968 年にトビリシ近郊の町ルスタビにある文化会館の所長の依頼で結成したアンサンブルに起源をもつ。民族衣装「チョハ」を着て、1970 年代から現在まで、日本や韓国、中国などの東アジアをはじめ、欧米や中東諸国など、世界のさまざまな地域で公演をおこなってきた。

　ルスタビのグルジア民謡の演奏は、国内でもっともオーソドックスなものとして位置づけられる。後述する「エリシオニ」のように、電子楽器や照明を駆使し、「ジョージアン・レジェンド」を派手にアピールするわけでもなく、「ムティエビ」のように、古い儀礼歌が歌われた様子を舞台で忠実に再現する「伝統主義」を貫こうとするものでもない。

　ルスタビはこれまで、さまざまな海外のレーベルから CD や LP を出しているが、各地の代表的な民謡が収録されたメロディヤ社の LP『60 のグルジア民謡』(1979) は名盤である。このほか、20 世紀のグルジアを代表する作曲家オタル・タクタキシュヴィリ Otar

Taktakishvili（1924-1989）による八部合唱《グリアの歌 Gurian Songs（グルジア語では Guruli Simgherebi)》(1971)、《サメグレロの歌 Mingrelian Songs 》(1972) などの民謡編曲作品の録音でも知られる。

❖ ファジシ Fazisi

　ルスタビの活躍を期に、1970 年代のグルジアでは民謡ブームが起きていた。国立科学アカデミー付属のアンサンブル「ファジシ Fazisi」（黒海沿岸の町ポティの古いグルジア語名）もこのような状況のなかで誕生したアンサンブルの一つである。1976 年に発足したファジシは、ルスタビで歌った経験をもつジュンベル・コルバイア Jumber Kolbaia（1944-2017）を中心に活動してきた。ソ連期にルスタビと並ぶ知名度をもつグルジアのアンサンブルだったファジシからは、のちに「カルトゥリ・フメビ」で国際的に活躍したゴギ・ドリゼなどの歌手を輩出している。

❖ ゴルデラ Gordela

　このアンサンブルは、現在ではトビリシ大学の女子学生を中心に「TSU ゴルデラ」[注51] として活躍しているが、その歴史は古い。ゴルデラ（グリア地方の畑仕事の歌の名前）は、トビリシ音楽院の学生だったアンゾル・エルコマイシュヴィリらのアンサンブルに起源をもつ。ソ連期

現在のゴルデラ

注51　TSU はトビリシ大学 Tbilisi State University の略称。

の 1960 年代に、ゴルデラはアンゾルの曽祖父のギゴから教わった聖歌を歌ったことで脚光を浴びた。その後、アンゾルが「ルスタビ」で活動するようになり、何度かメンバーが入れ替わったようであるが、現在では、音楽院ではなくトビリシ大学の学生によるアンサンブルになっている。1980 年代の音楽院では「ムティエビ」などの新しいアンサンブルが影響力をもつようなり、ゴルデラの活動の舞台はトビリシ大学に移ったことも考えられる。こうした学生のアンサンブルの歴史が象徴するように、現在もトビリシやクタイシの主要な大学では学生の音楽サークルが活動する。

❖ コルヘティ Kolkheti

「カルテット・コルヘティ」として知られる男性四人組の声楽・器楽アンサンブルである。1980 年にギヴィ・シャニゼ Givi Shanidze（1951- ）を中心に発足し、合唱だけでなく、トビリシやクタイシ、北東部山岳地帯などの器楽を含むさまざまな音楽をレパートリーとする。コルヘティとは、「コルキス Colchis」の名称でも知られる西グルジアに栄えた古代国家の名前である。

❖ ソイナリ Soinari

1960 年にトビリシのドゥドゥキ奏者のグリシャ・クソヴレリを中心に発足したトビリシの音楽をレパートリーとするアンサンブルである。三人のドゥドゥキ奏者と太鼓ドリの奏者とガルモニの奏者兼歌手の五人で活躍した。「ソイナリ」とは、かつて西部に広まっていたパンパイプのことであり、ドゥドゥキ奏者たちを複数の管をもつ笛になぞらえている。クソヴレリ亡きあとは、彼の名を冠して「クソヴレレビ Ksovrelebi」として活動する。

❖ マルトゥヴェ Martve

1976 年に「ルスタビ」のアンゾル・エルコマイシュヴィリによっ
て発足した少年合唱団である。「マルトゥヴェ」とは「子孫」を意味
し、若い世代に古い歌を伝えることを目的に活動をおこなってきた。
これまで世界のさまざまな地域で公演をおこない、千人以上の若い歌
い手がさまざまな合唱団に巣立っていった。最近、ルスタビと合併し
たようである。

❖ トビリシ Tbilisi

1939 年に成立した国立歌舞アンサンブルを母体とし、1983 年から
ロベルト・ゴゴラシュヴィリ Robert Gogolashvili（1939- ）を中心に、
アンサンブル「トビリシ」として活動しはじめた。これまで欧州を中
心とするさまざまな地域で公演をおこなってきている。このアンサン
ブルで 30 年以上活躍するゴゴラシュヴィリは、トビリシ音楽院で声
楽を学んだ経験をもち、「ファジシ」のほか、「カルトゥリ・フメビ」
でも活躍した。

❖ クタイシ Kutaisi

1981 年に設立された国立歌舞アンサンブルで、ソ連期にはグリア
出身のジェマル・チクアセリ Jemal Chkuaseli（1935- ）を中心に活躍
した。これまでメロディヤ社などから LP や CD をプロデュースして
きている。1990 年代以降、欧州を中心に世界各地の芸術祭で活躍し、
グルジアの音楽を紹介してきた。

❖ エリシオニ Erisioni

ルスタビと並ぶ国際的な知名度をもつ国立アンサンブルである。
1939 年に結成された国立歌舞アンサンブルを母体とし、ソ連から独

立したあとに、フランスの支援を得て「エリシオニ」として活動する
ようになった。指導者のジェマル・チクアセリはソ連期にクタイシの
国立歌舞アンサンブルで活躍した。「エリシオニ」とはコーカサスの
山の頂よりも高い天空を意味する言葉である。さまざまな地域の民
謡や舞踊を統合し、民族文化の結晶「ジョージアン・レジェンド」と
してアピールし、海外の聴衆を惹きつけることに成功している。しか
し電子楽器や照明を多用した演出のあり方をめぐっては、国内の伝統
主義的な民謡歌手から批判の声もあがっている。さらに 2000 年代に、
エリシオニの宣伝歌として民謡《シャティリの娘よ Shatilis Asulo》を
無断で歌っていていたことが、この歌の作詞者でありトゥシェティ
地方に出自をもつ詩人のヨセフ・ロンギシュヴィリ Ioseb Longishvili
(1926-2006) に訴えられ、最高裁が彼の著作権を認めたため、国内で
評判を落とすこととなった。ヘヴスレティ地方の村シャティリ出身の
娘の美しさを讃えたこの歌は、ロンギシュヴィリが生前、妻のために
作ったものである。

❖ カルトゥリ・フメビ Kartuli Khmebi

　1986 年に国営のテレビ局で民謡を紹介する番組の作成に携わって
いたテムル・チクアセリ Temur Chkhuaseli (1944-) とゴギ・ドリゼ
Gogi Dolidze (1954-1996) によって発足したアンサンブルである。「カ
ルトゥリ・フメビ」の英語名称「Georgian Voices」として国際的に知
られる。チクアセリは 1970 年代にアンサンブル「トビリシ」の前身
の国立歌舞アンサンブルで歌い、ドリゼは「ファジシ」で活躍してい
た歌手である。彼らのアンサンブルは 1991 年からフランスの支援の
もとで活動するようになった。ドリゼ亡きあとはチクアセリを中心に
活動し、これまでパリのユネスコ本部のほか、アメリカやオースト
ラリアなど世界のさまざまな地域で公演をおこなってきた。

❖ムティエビ Mtiebi

　伝統主義的なアンサンブルである。1980年にトビリシ音楽院の民族音楽学者エディシェル・ガラカニゼ Edisher Garakanidze（1957-1998）によって、創設された。

　この時期のグルジアではソ連期のペレストロイカの社会風潮と相まって、伝統文化の復興が盛んになった。ガラカニゼは、ソ連期の「ルスタビ」などの社会的影響力をもった国立アンサンブルが歌う歌が人々のあいだに定着し、同じようなレパートリーしか歌われなくなったことに批判的であった。そして、知られざる古い民謡を発掘し、普及していくために、さまざまな地域の人々から習った歌を彼のアンサンブルのステージで再現した。

　「ムティエビ」では、《イアヴ・ナナ》などの治癒歌が病人の前で歌われた様子や、村の祝祭日で民謡が輪舞とともに歌われた様子を、古い農村の藁葺屋根の小屋をバックにステージで再現するなど、演出にも拘っている。こうした趣向は、都会から離れた地方の「山々」を意味するアンサンブルの名称にも反映されている。

　ムティエビの創設者のガラカニゼは1998年に交通事故で亡くなっている。この事故は、彼の妻子も巻き込まれ亡くなるという悲惨なもので、グルジアの民謡歌手たちに衝撃を与えた。たった一人生き残った息子のギヴィ・ガラカニゼ Givi Garakanidze（1982-2012）は、のちにムティエビの代表として父の遺志を引き継ぎ活動するようになったが、2012年に30歳の若さで亡くなっている。挽歌《ザリ》とともに見送られたギヴィは、10代で家族を失い、孤独に苛まれるなか、薬物に依存していたという説もある。しかしながら、ムティエビの活動はガラカニゼ親子の遺志を受け継ぐ形で続いている。とりわけ、創設者であるエディシェル・ガラカニゼの功績は、1990年代以降の欧州におけるワークショップを通じてグルジアの民俗音楽を海外へ紹介し

た点でも大きいといえる。

❖ムゼタムゼ Mzetamze

1986年にトビリシ音楽院の民謡研究者によって結成された女声合唱団である。これまで中心的に活躍してきたナタリア・ズンバゼ Natalia Zumbadze（1957- ）はトビリシ音楽院の教授を務める。ムゼタムゼは「太陽のなかの太陽」とでも訳すことができるだろうか。

メンバーの女性たちは、これまでほぼステージで歌われることのなかった挽歌や子守歌のほか、さまざまな女声合唱をレパートリーとする。《ラザレ》（p. 107）などの古い儀礼歌のほか、大型小籠包「ヒンカリ」を作る工程を歌ったプシャヴィ地方の《愛しいヒンカリよ Sheni Chirime Khinkalo》といったコミカルな歌のパフォーマンスも得意とする。

欧州でも公演をおこなってきたムゼタムゼは、これまで世界的に知られていなかったグルジアの女声合唱を紹介する重要な役割を果たした。

❖アンチスハティ Anchiskhati

1988年代の末に音楽院の学生だったマルハズ・エルクヴァニゼ Malkhaz Erkvanidze（1963- ）を中心に発足したアンサンブルである。80年代に古い聖歌の復興に取り組んでいた彼らは、トビリシの旧市街に位置する、トビリシでもっとも古いアンチスハティ教会の聖歌隊として活動をはじめた。現在では教会の名を冠したアンサンブルとして、さまざまな地域の男声合唱をレパートリーに活躍している。

❖ケレオニ Kereoni

「トビリシ」の前身である国立歌舞アンサンブル出身のレヴァン・

ゴリアゼを中心に 1995 年から活動する。オランダなどでも公演をおこない、国際的な知名度を獲得している。グリア地方出身のゴリアゼが、西部を中心とするさまざまな地域の民謡を歌う。「ケレオニ」とは「蝋燭」あるいは「灯火」を意味する。

❖ バシアニ Basiani

2000 年から活動する比較的新しい男声合唱団である。「バシアニ」という名は、《シャヴレゴ》(p. 173) の歌として歌い継がれる、タマル女王の臣下だったシャルヴァ・アハルツィヘリ（シャヴレグ）の軍勢が、1202 年にセルジューク・トルコを打ち破った土地の名（現在はトルコ領）に由来する。ギオルギ・ドナゼ Giorgi Donadze (1978-) を中心に 2013 年以降は「国立アンサンブル」として活動するようになり、アメリカなどでも公演をおこなっている。よく知られた民謡のほか、グルジアのソ連併合に反対するなか、命を落とした詩人ミハ・ヘラシュヴィリ Mikha Khelashvili (1900-1925) の詩に基づく《村は黄昏に包まれる Bindisperia Sopeli》（カルトリ・カヘティ地方）といった新しい民謡も歌う。メンバーの年齢は比較的若い。彼らの影響を受けて最近のトビリシでは若い世代の男声合唱団が活動する。

❖ ディドゥゴリ Didgori

2003 年から国内外で活動する若い世代の男声合唱団である。「ディドゥゴリ」はカルトリ地方の地名であり、1121 年にダヴィト 4 世率いるグルジア軍がセルジューク・トルコを打ち破った場所とされる。この戦いはグルジアの黄金時代の幕開けの象徴として位置づけられる。20 世紀の録音をもとに、古い民謡を復活させ、普及させていくことに力を入れている。

❖ シャヴナバダ Shavnabada

2005 年から国営のラジオ局で働いていたダヴィト・ツィンツァゼ Davit Tsintsadze（生年不詳）を中心に国内外で活動する若い世代の男声合唱団である。「シャヴナバダ」はカルトリ地方の地名で、聖ギオルギを讃える修道院が立つ。彼らの活動はアブハジアでも評価され、「アブハジア国立アンサンブル」[注52]の称号を獲得している。グルジアのほか、アブハジア民謡をレパートリーとする。

3．録音資料──CD およびストリーミング

　本書で紹介したグルジアや北コーカサスの民俗音楽が収録された代表的な CD を紹介したい。Amazon などの通販サイトでダウンロードが可能なものや、Spotify で聴くことができるものも多い（Spotify で聴くことができるものには Spotify マークをつけた）。

　また、CD によってタイトルのラテン文字表記や英訳が異なる場合も多い。従って、本文で紹介したものと異なる場合は、日本語訳の歌のタイトルの横に、各 CD に記載されるラテン文字ないし英訳のタイトルを併記した。

グルジアを代表するアンサンブルや歌手の主要な録音

❖アンサンブル「ルスタビ」Rustavi Folk Choir（The Rustavi Choir）

Georgia

Rustavi Choir & Duduki Trio Omar Kelaptrishvili
Frankfurt, Network Medien GmbH, 1991

カルトリ・カヘティ地方、グリア地方、サメグレロ地方、スヴァネティ地方、アブハジアのさまざまな歌と、ケラプトリシュヴィリによるサラムリの演奏のほかに、ドゥドゥキによる《イアヴ・ナナ》の演奏が収録されている。

Mirangula: Georgian Folk Music

Rustavi Choir（Ansor Erkomaishvili）
New York, Sony Classical, 1995

カルトリ・カヘティ地方の《ツィンツカロ》(p. 136)、イメレティ地方の《馬乗りの歌》(p. 135)、ラチャ地方の《ムラヴァルジャミエリ》(p. 78)、スヴァネティ地方の《リレ》(p. 103)、《ミラングラ》(p. 153)、サメグレロ地方の《チェラ》(p. 144)、グリア地方の《ハサンベグラ》(p. 170) など各地のよく知られた民謡が収録されている。

Alilo: Ancient Georgian Chorales

Rustavi Choir（Ansor Erkomaishvili）
New York, Sony Music, 1996

サメグレロ、グリア、カヘティ、ラチャ、スヴァネティ、各地方の《アリロ》、カルトリ・カヘティ地方の《チョナ》(p. 115) などが収録されている。

The Rustavi Choir:
An Oath at Khidistavi: Heroic Songs and Hymns from Georgia

Newton（New Jersey）, Shanachie Entertainment, 1998.

グリア地方の《ハサンベグラ》(p. 170)、《我らに平和を》(p. 79)、《ナドゥリ》、アチャラ地方の《アリ・パシャ》(p. 172)、サメグレロ地方の《ウトゥの進軍》(p. 149)、カヘティ地方の《チャクルロ》(p. 150) など、歴史的場面の数々を歌った民謡が収録されている。

Spotify
Georgian Wedding Songs

Rustavi Folk Choir
Acewonder ltd, Beaux, 2003（2012）

《カルトリ地方の婚礼の歌 Kartluri Mak'ruli》（p. 120）、《カヘティ地方の婚礼の歌 Kakhuri Mak'ruli》（p. 119）、《アチャラ地方（Zemo-Achara）の婚礼の歌》（p. 118）、《クチヒ・ベディネリ》　楽譜16　（p. 291）などのさまざまな婚礼の歌が収録されている。

Spotify
Georgian Lyric Songs

Rustavi Folk Choir
Acewonder ltd, Beaux, 2003（2012）

カルトリ・カヘティ地方の《黒い瞳の娘よ Gogo Shavtvala》（p. 130、262）、《飛べ、黒い燕よ》（p. 182）、サメグレロ地方の《ああ、チョングリ Dida Voi Nana》（p. 151、287）、《バタ、行ってしまったの？》（p. 138）、《唯一のあなたは彼方に》（p. 140）などの恋歌と、《小さなキンイロジャッカル》（p. 97）、グリア地方の《朝》（p. 102）などが収録されている。

Spotify
Georgian Voices

The Rustavi Choir
New York, Nonesuch Records, 2006

グリア地方の《バトネボ》（p. 77、280）、《ハサンベグラ》（p. 170）、サメグレロ地方の《オドイア》（p. 91）、イメレティ地方の《馬乗りの歌》（p. 135）、スヴァネティ地方の《ミラングラ》（p. 153）、カルトリ・カヘティ地方の《オロヴェラ》（p. 90）、《チャクルロ》（p. 150）など、よく知られた民謡が収録されている。

Traditional Sounds of Georgia
Rustavi Folk Choir
All Time Favorites, 2018

ラチャ地方の《ツェレテリは我々に呼びかけた》(p. 190)、スヴァネ
ティ地方の《カンサヴ・キピアネ》(p. 174、277)、グリア地方の《ム
シクイ》(p. 95)、《ヘルフヴァヴィ》などが収録されている。

❖ アンサンブル「コルヘティ」Ensemble Kolkheti

Oh, black-eyed girl（Shavtvala Gogona）: Songs from Georgia
Ensemble Kolkheti
Leiden, PAN Records, 1992

イメレティ地方の《旅路の歌 Joclar song of Okribi》(p. 132)、《兵士の
歌 Lashkruli》(p. 182、269)、カルトリ・カヘティ地方の《黒い瞳の
娘よ》(p. 130、262)、アブハジアの《崖の歌 Song of wounded men》[注53]
のほか、北東部山岳地帯のサラムリとパンドゥリの演奏が収録されて
いる。

❖ アンサンブル「トビリシ」Ensemble Tbilisi（Tbilisi Folk Ensamble）

Tsa-firuz, khmelet-zurmukhto（トルコ石の空とエメラルドの大地よ）
Ensemble Tbilisi
"GMI" LLC, 2008（2018）

サメグレロ地方の《小さなキンイロジャッカル》(p. 97)、スヴァネ
ティ地方の《若者ロストム Rostom-tchabuki》(p. 175)、グリア地方の

注53　このアルバムでは、「傷ついた男の歌」という英訳が当てられている。

《我らに平和を》（p. 79）、カルトリ・カヘティ地方の《アナガの若者よ》（p. 187）、《チョナ》（p. 115）などの歌のほか、トゥシェティ地方やアチャラ地方などの楽器による演奏が収録。

❖ カルトゥリ・フメビ Georgian Voices（Kartuli Kkhumebi）

`Spotify`
Les Voix de Georgie（The Voices of Georgia）

Paris, Buda Record, 1992（2018）

カルトリ・カヘティ地方の《シェモザヒリ》（教訓歌、p. 158）、イメレティ地方の《馬乗りの歌》（p. 135）、サメグレロ地方の《オドイア》（p. 91）、グリア地方の《ナドゥリ》、アチャラ地方の《アリ・パシャ》（p. 172）などが収録されている。

`Spotify`
Georgian Voices: Memory: Georgian Traditional Songs

Australia 1992 live
Tbilisi, Boheme Music, 2003（2018）

カルトゥリ・フメビのオーストラリアにおけるライブ録音。《アリ・パシャ》（p. 172）、《ナドゥリ》、《オドイア》（p. 91）などが収録されている。

`Spotify`
Georgian Voices: The Years: Georgian Traditional & Popular Songs

Tbilisi, Boheme Music, 1992（2003, 2018）

《ハ長調のムラヴァルジャミエリ》、カルトリ・カヘティ地方の《シャヴレゴ》（p. 173、256）、《昨日グルジャアニの七人が Yesterday the Seven Gurjaani Lads》（p. 159）、グリア地方の《四つのナナ》（p. 166）

などが収録されている。

❖ アンサンブル「ムゼタムゼ」 Ensemble Mzetamze

Ensemble Mzetamze: Voices from the Black Sea

USA, Cross Currents Music, 1998

サメグレロ地方の治癒歌《イア・パトネピ》、グリア地方の《ムゼ・シナ》(p. 104)、トゥシェティ地方の《お前の母さんは死んでしまう》(p. 152) などが収録されている。

❖ アンサンブル「ケレオニ」 Ensemble Kereoni

Spotify
Traditional Songs from Georgia

Ensemble Kereoni
West Sussex, ARC Music, 2005 (2018)

アンサンブル「ケレオニ」による《私の両目の光よ》(クタイシ風の演奏、p. 197)、《私の蛍よ Tsitsinathela》(p. 192) などの都市の民謡のほか、グリア地方の《朝》(p. 102)、《シソナ・ダルチア Sisona》(p. 178) などが収録されている。

❖ アンサンブル「バシアニ」 Ensemble Basiani

Spotify
Georgian Polyphony Singing: Folk Songs

Basiani Ensemble
Basiani Ensemble, 2014

アチャラ地方の《ガンダガナ》(p. 133)、《ヒンツカラ》(p. 130、283)、サメグレロ地方の《チェラ》(p. 144、289)、《ディドウ・ナ

ナ Veengara》（p. 144）、スヴァネティ地方の《タマル女王》（p. 174）、
カルトリ・カヘティ地方の《シェモザヒリ》（教訓歌、p. 158）、《カヘ
ティ地方のムラヴァルジャミエリ》（p. 78）などが収録されている。

❖アンサンブル「ディドゥゴリ」Ensemble Didgori

Spotify
Singing as a Lifestyle

Didgori
Didgori, 2017

ラチャ地方の《ダンチクの茎に》（p. 95）、カルトリ・カヘティ地方
の《舟歌》（嘆き歌、p. 148）、サメグレロ地方の《クロウタドリ》（p. 94）
などが収録されている。

❖アンサンブル「シャヴナバダ」Ensemble Shavnabada

Spotify
Georgian Folk Songs（feat. Davit Tsintsadze）

Ensemble Shavnabada
Georgian Folk Songs, 2016

サメグレロ地方の《小さなキンイロジャッカル》（p. 98）、《ぼろ小
屋が好きなのさ Patskha》[注54] などが収録されている。

Spotify
Georgian & Abkhazian Folk Songs #4

Ensemble Shavnabada
Studio Shavnabada, 2016

サメグレロ地方の《ああ、チョングリ》（p. 151、287）、ラチャ地方の

注54　このアルバムでは単に「Patskha（ボロ小屋）」となっているが、この歌は「Mikvars　Patskha」と呼
　　　ばれる場合が多い。

《飲め》（p. 83、273）、グリア地方の《私のシャルヴァよ》（p. 184）
などが収録されている。

❖ ヴァノ・ムチェドリシュヴィリ Vano Mchedlishvili （1903-1970）

`Spotify`
Georgian Folk Songs （1930-1950）
Vano Mchedlishvili
Phorminx, 2016

《黒い瞳の娘よ》（p. 130、262）、《ガレカヘティのサチダオ》（p. 177）、
《ツィンツカロ》（p. 136、267）、《冬》（p. 156）、《カヘティ地方のシャ
イリ Shairebi》[注55]（婚約の歌、p. 122）などカルトリ・カヘティ地方の民
謡が収録されている。

❖ ハムレト・ゴナシュヴィリ Hamlet Gonashvili （1928-1985）

`Spotify`
Hamlet Gonashvili
Bremen, Jaro Records, 1995

ゴナシュヴィリが主旋律を歌う《ツィンツカロ》（p. 136、267）、《オ
ロヴェラ Olovera》（p. 90）、《ナナ》、《飛べ、黒い燕よ》（p. 182、
264）、《彼らは遅れた》（p. 191）、《チョナ》（p. 115）などのカルト
リ・カヘティ地方の民謡のほか、サメグレロ地方の《チェラ》（p. 144、
289）、グリア地方の《クロウタドリ》（p. 94）、北東部山岳地帯の
恋歌《雉の首のごとく美しい Satrpialo》[注56] が収録。

注55 「Shairebi」は Shairi の複数形。
注56 このアルバムでは、単に「恋歌 Satrpialo（サトゥルピアロ）」と表記される場合もある。

❖ レラ・タタライゼ Lela Tataraidze（1949- ）

`Spotify`
Janghi（Morning Fog）

Lela Tataraidze
Leiden, PAN Records, 2000

タタライゼがガルモニとパンドゥリの伴奏で歌う《なんと美しいトゥ
シェティ》をはじめとするトゥシェティ地方の民謡の数々が収録され
ている。

トビリシを拠点に活動する諸団体

Soinari: Folk Music from Georgia today

Berlin, Haus der Kulturen der Welt, 1993.

アンサンブル「ソイナリ」が歌う《私の両目の光よ》（p. 197）、《私
の歌を誰がわかろう》（p. 199）、《ああ！　ズルナ吹きよ》（p. 196）、
アンサンブル「ムティエビ」が歌う《色鮮やかなバグダディの上で》
（p. 85）などのトビリシの民謡のほか、アンサンブル「ムゼタムゼ」
が歌う《スリコ》（p. 194）など、都市の民謡が収録されている。

`Spotify`
Idjassi: Chants et Musiques de Georgie

Paris, Long Distance, 2000

アンサンブル「ソイナリ」によるトビリシのドゥドゥキの音楽のほ
か、タタライゼによるトゥシェティ民謡《シャティリの娘よ》が収録
されている。

Spotify
Songs of Survival: Traditional Music of Georgia

Recordings by Michael Church
London, Topic Records, 2007

アンサンブル「カルトゥリ・フメビ」による《スリコ》(p. 194)、アンサンブル「ムティエビ」による《オチェシュ・フヴェイ Ocheshkhvei》(p. 92) をはじめ、カルテット「ケサネ」による《グリアへ行くけれど Mival Guriashi》(p. 132)、アンサンブル「ソイナリ」によるドゥドゥキの旋律《ディリス・サアリ》などが収録されている。

Georgian Music: Anthology of Folk Music.

Moscow, Melodiya, 2010.

アンサンブル「ルスタビ」によるドゥドゥキの演奏のほか、《私のシャルヴァよ》(p. 184、クタイシ風の演奏)、イリヤ・ザカイゼが歌うラチャ地方の《アリロ》、レラ・タタライゼによるトゥシェティ地方のガルモニの旋律などが収録されている。

Spotify
Georgian Traditional Polyphonic Songs

Adilei
Adilei, 2016

トビリシで 2012 年から活動するアンサンブル「アディレイ」の録音。サメグレロ地方の《ヴァフタングリ》楽譜 13 (p. 285)、《チャグナ》(グリア風の演奏、p. 123)、《小さな愛しい人よ Patara Saqvarelo》(p. 131)などが収録されている。

地方のアンサンブルや歌手

サカルトベロの奇蹟のポリフォニー：東西の陸橋カフカズの合唱

東京, ビクターエンタテインメント, 1990

《もしも娘よ、私とお前が》（p. 134）、《オロヴェラ》（p. 90）、《ラジグヴァシュ》（p. 105、275）、《エレサ》、《ヤギが我々の葡萄畑を食べた》（p. 99）などのカヘティ地方、スヴァネティ地方、グリア地方のよく知られた男声・女声合唱が収録されている。

マルトゥベ奇蹟のポリフォニー

サカルトベロ　少年と若者たちによる声のオーケストラ
東京, ビクターエンタテインメント, 1990

少年合唱団「マルトゥベ」による《グルジア人よ、剣を手に取れ》（p. 188）、《アラグヴィ川のほとりで》（p. 184）、《カヘティ地方のシャイリ》（教訓歌、p. 164）、《小さなキンイロジャッカル（チチェ・トゥラ）》（p. 98）、などのカルトリ・カヘティ地方、サメグレロ地方のほか、イメレティ地方、グリア地方などのよく知られた合唱が収録されている。

地球の音楽（**Music of the Earth**）：フィールドワーカーによる音の民族誌
26　グルジア　カフカズに響くポリフォニー

森田稔編
日本ビクター株式会社, 1992

カルトリ・カヘティ地方を代表する民謡歌手アンドロ・シマシュヴィリの生前の貴重な歌声が収録されている。アルタナ村のアンドロ爺さんの合唱団による《ツィンツカロ》（p. 136、267）、《カロスピルリ

（脱穀場の脇で）》（p. 93）のほか、グリア地方の《ナニナ》（p. 135）、
《クロウタドリ（シャヴィ・シャシュヴィ）》（グリア地方とイメレティ地
方のものが収録されている、p. 94）など、カヘティ地方、グリア地方
などのよく知られた男声・女声合唱のライヴ録音が収録されている。

Spotify
Table Songs of Georgia

Real World Records Ltd.1993（2015）

1986年から活動するカルトリ・カヘティ地方のツィナンダリ村の合
唱団が歌う《オロヴェラ》（p. 90）、《カヘティ地方のムラヴァルジャ
ミエリ Kakhuri Mravaljamieri》（p. 78）、《ディアンベゴ》（p. 167）、
《年老いた私》（p. 159）、《冬》（p. 156）、《シェモザヒリ》（教訓歌、
p. 158）、《美女たちが座っている》（p. 82）などのカヘティ地方の男
声合唱が収録されている。

Spotify
Georgia: Vocal Polyphonies from Svaneti: Riho Ensemble.

Paris, Maison des Cultures du Monde, 1999.

スヴァネティ地方出身のイスラン・ピルパニの合唱団「リホ」がパリ
でおこなったコンサートの録音。《ラジグヴァシュ》（p. 105、275）、
《シシャとゲルギル Gergil》（p. 177）、《おお、ソザルとツィオクよ
Sozar-Tsioq》（p. 155）などのスヴァネティ民謡が収録されている。

Spotify
Chant des Enfants du Monde, vol.18: La Géorgie, des Montagnes à la Plaine

Paris, Arion, 2010

子どもたちが歌う、《ツィンツカロ》（p. 136、267）、《黒い瞳の娘よ》
（p. 130、262）などカルトリ・カヘティ地方のおなじみの歌のほか、
グリア、アチャラ、サメグレロ、スヴァネティ、ラチャ地方の民謡が

収録されている。

Les Inédits: Chant des Enfants du Monde: Géorgie, vol. 3

Les Enfants du Monde, Francis Corpataux
Paris, Arion, 2012

子どもの歌シリーズの第二弾。スヴァネティ地方の《ミラングラ》
（p. 153）、《ラグシェダ Lagusheda》（p. 112）などが収録されている。

Spotify
Enduring Fortress

Zedashe
Zedashe , 2010

1990 年代からカヘティ地方の町シグナギを拠点に活動するアンサン
ブル「ゼダシェ」の録音。スヴァネティ地方の《シシャとゲルギル
Shisha da Gergil》（p. 177）、カルトリ・カヘティ地方の《ディアンベ
ゴ Diambego》（p. 167）、《ナムグルリ》（p. 91、よく知られた《ナムグ
ルリ》とは若干異なる演奏）などが収録されている。

Spotify
Intangible Pearls

Zedashe
Zedashe Ensemble, 2013

アンサンブル「ゼダシェ」の録音。カルトリ・カヘティ地方の《ラ
レ》（失恋の歌、p. 137）、《カヘティ地方の婚礼の歌 Maqruli》（p. 119）、
トゥシェティ地方のガルモニの旋律などが収録されている。

Our Earth and Water

Zedashe
Living Roots Music, 2015

アンサンブル「ゼダシェ」の録音。イメレティ地方の《アフタンディ
ルは狩りに出た Avtandil Gadinadira》（p. 176）、サメグレロ地方の子
守歌《ディドウ・ナナ Veengara》（p. 144）、アチャラ地方のバグパイ
プ「チボニ」と太鼓「ドリ」の旋律などが収録されている。

20 世紀初頭の録音

**Drinking Horns & Gramophones. 1902-1914: The First Recordings in
the Georgian Republic**

New York, Traditional Crossroads, 2001

20 世紀初頭、イギリスのグラモフォン社による録音。サンドロ・カ
ヴサゼ、ギゴ・エルコマイシュヴィリ、ギオルギ・バビロゼ、サムエ
ル・チャヴレイシュヴィリ、レヴァン・アサバシュヴィリらの貴重な
歌声が収録されている。

民謡編曲作品、現代音楽など

Spotify
Kancheli; Symphonies 3 & 6

Kakhidze, State Symphony Orchestra of Georgia
Olympia, 1990

ハムレト・ゴナシュヴィリがソリストを務めるギア・カンチェリの交響曲第三番。ジャンスグ・カヒゼの指揮によるグルジア交響楽団の演奏。1979年のメロディヤ社による録音が原版。

Spotify
Russian Vocal School

Zurab Sotkilava, Otar Taktakishvili
Russian Compact Disc, 1997（2011）

オペラ歌手ズラブ・ソトキラヴァがアンサンブル「ルスタビ」とともに歌うオタル・タクタキシュヴィリによる民謡編曲作品《サメグレロの歌》（1974年の録音）から《一本の薔薇》、《崖の歌》（アブハジア民謡）、《チャグナ》、《唯一のあなたは彼方に》、《オドイア》、《ああ、チョングリ》、《小さなキンイロジャッカル》、《チェラ》、《ミラングラ》（スヴァネティ民謡）、《クチヒ・ベディネリ》が収録されている。このほかピアノ伴奏による子守歌《小さなキンイロジャッカル Sisatura》が冒頭に収録。

Spotify
Russian Vocal School:
Russian Folk and Georgian Songs, Zurab Sotokilava

Russian Compact Disc, 2011

ソトキラヴァが歌うグリア民謡《インディ・ミンディ》とクタイシの

都市歌謡《あなた一人だけのために Tebe Odnoi》が収録されている。

Taktakishvili: Symphony No 2 in C Minor (1953), Megrelian and Gurian Songs

Otar Taktakishvili (Composer), Evgeny Svetlanov (Conductor)
Russian Disc, 2006

アンサンブル「ルスタビ」によるタクタキシュヴィリによる八部合唱《サメグレロの歌》と《グリアの歌》が収録されている。《サメグレロの歌》はソトキラヴァがソリストを務める。エフゲニー・スヴェトラーノフ Yevgeny Svetlanov (1928-2002) の指揮によるロシア交響楽団の 1992 年の録音。

北コーカサスのアンサンブルや歌手

❖ アブハジア

The Golden Fleece: Songs from Abkhazia and Adzharia

Leiden, PAN Records, 1994

黒海沿岸のアブハジアのほか、グルジアのアチャラ地方の歌が収録されている。

Anthology of Folk Music: Abkhazian Music

Moscow, Melodiya, 2010

ソ連期にメロディヤ社で録音された音源の復刻版。アブハジアの男声合唱や器楽が収録されている。

❖アディゲ

Anthology of Folk Music: Circassian Music

Moscow, Melodiya, 2010

ソ連期にメロディヤ社で録音された音源の復刻版。男声合唱のほか、アコーディオン「アディガ・プシナ」の旋律や、叙事詩を擦弦楽器の伴奏で歌ったものなど、さまざまな音楽が収録されている。

❖チェチェン

Spotify

Ensemble Aznach. Zoura-chétchénie, vol.3

Paris, Arion, Ethnomad, 2001

グルジアのチェチェン系集団キスト人の女声合唱による、民族の歌《ノフチイン・ギムン Nokhtchin Gimn》や宗教歌《ナズム Nazmi》などが収録される。

Anthology of Folk Music: Chechen Music

Moscow, Melodiya, 2009

ソ連期にメロディヤ社で録音された音源の復刻版。アコーディオン「ケハト・ポンダル」や撥弦楽器「デチグ・ポンダル」の伴奏による抒情歌や舞踊の音楽が収録されている。

❖ダゲスタン

Ay Lazzat. Oh Pleasure: Songs and melodies from Dagestan

Leiden, PAN Records, 1995

ダゲスタンのさまざまな言語による歌が収録されている。

上記以外の諸地域

Spotify

Before the Revolution: A 1909 Recording Expedition in the Caucasus and Central Asia by Gramophone Company.

From the International Music Collection of the British Library National Sound Archive
compilation and text by Will Prentice
London, Topic Records. 2002

英グラモフォン社による録音。20世紀初頭のトビリシのドゥドゥキなどの音楽のほか、北コーカサスのオセット人やイングーシ人、ダゲスタンのクムイク人の二部合唱など貴重な録音が収録されている。

Spotify

Folk Tunes from the Two Sides of the Caucasus: Karachay, Balkar, Avar and Azeri melodies.

Collected and edited by János Sipos
Hungaroton Classic LTD., 2003

ハンガリーの調査隊による録音。南北コーカサスのさまざまな民族の儀礼歌や舞踊の音楽、叙情歌が収録されている。

Songs of Defiance: Music of Chechnya and the North Caucasus

Recordings and compilation by Michael Church
London, Topic Records Ltd, 2007

ソ連崩壊後のチェチェンのほか、アディゲ、カバルダ・バルカル、北オセチアなど、北コーカサス地域の合唱や器楽が収録されている。

そのほかの資料

❖楽譜集（英語）

99 Georgian Songs Spiral-bound
Joan Mills（Editor）, Joseph Jordania（Contributor, Translator）, Edisher
Garakanidze（Introduction）
Black Mountain Press, 2015

❖ネット資料
トビリシ音楽院・国際ポリフォニー研究センター

International Research Center for Traditional Polyphony（英語、グルジア語）

合唱をはじめとするさまざまな地域の民謡や楽器について知ることが
できる。

http://polyphony.ge/en/home-2

あとがき

　筆者のグルジア民謡との出会いは、十数年前にさかのぼる。ユーラシア地域の民謡に詳しい知人からグルジア民謡の古いレコードを聴かせてもらう機会を得た筆者は、I・ストラヴィンスキー（1882-1971）のバレエ・カンタータ《結婚》（1923）をはじめとするロシア音楽の源泉ともいえるべきコーカサスの音楽文化に鮮烈な印象を抱いた。その後、トビリシ大学が主催するグルジア語の夏期講習に参加していたら、南オセチアをめぐるロシアとの衝突が起きた。ちょうど、グルジア語の歌を習っていたところだった。ソ連から独立したあとの動乱もいったん終結し、人々の暮らしも次第に豊かになり、平和が訪れたと思った矢先だった。改めて、この地域が近代以降に置かれてきた政治的状況の複雑さを実感した。それ以降も懲りずに、言語や文化、宗教を異にするコーカサスのさまざまな人々を訪ねて歩いた。本書はそんな筆者の「青春の彷徨」の記録である。

　本書では、ジョージアの合唱形式の民謡をはじめとするコーカサス地方の歌舞音曲について紹介した。「概説書」として至らない点もあるかもしれないが、本書をきっかけに、読者の方々に「グルジア民謡」をはじめとするコーカサス地方の歌舞音曲をこれから開拓していってほしい。もし、現地に行かれることがあれば、本書で紹介する歌を少し覚えていくと、宴席でいっしょに歌う機会があるかもしれない。

　本書で中心的に紹介した民謡には、古代の宗教や神話、日常生活の教訓や知恵が反映されている。その独自のユーモアに満ちた世界観を

少しでも読者の方々に知ってもらいたいと考え、力不足ながら筆を執るに至った。改めて概説書を執筆する際に、自分が知らない歌や、これまで発表した論文の間違いにも気がつき、未熟さを痛感した次第である。今さらながら、中東世界とキリスト教文化圏の影響のもとで、言語や宗教を異にするコーカサス諸集団のあいだで育まれてきた歌舞音曲の多様性を実感した。今後も当分のあいだ、筆者のコーカサス歌舞音曲への関心は、尽きることはない気がする。

　本書は、筆者が留学中に出会ったカルトリ・カヘティ、トゥシェティ、サメグレロ、スヴァネティ、メスヘティ、アチャラなどの地方の人々の協力がなければ完成しなかった。ここにささやかながら感謝を表したい。古い貴重な録音を聴かせてくれ、各地域の代表的な民謡などの基本的な情報を教えてくれたトビリシ音楽院の専門家の方々をはじめ、筆者の研究活動を支えてくれた大阪大学の伊東信宏教授にも感謝の意を伝えたい。また、トビリシ音楽院のR・ツルツミア教授、N・ズンバゼ教授、T・ガビソニア博士、メルボルンのJ・ジョルダーニアご夫妻、宮城教育大学の森田稔名誉教授をはじめとする音楽学者の方々や、言語学者の児島さんご夫妻、今は亡き弟など、このほかにもお世話になった国内外のさまざまな方に感謝を申しあげたい。また、コロナウイルスで大変ななか、編集作業を進めてくれた株式会社スタイルノートの冨山史真さんと、社長の池田茂樹さんにも感謝の意を伝えたい。無名の新人による唐突な企画にも関わらず、出版を引き受けてくださったうえ、度重なる筆者の加筆修正に根気強く付き合ってくださり感謝している。

　古くから人々に親しまれ、グルジア民謡として知られる《バトネボ》や《ああ、チョングリ》の歌は、感染症の苦しみに耐え忍んできた史実を物語っている。集まって歌を歌うことが難しい状況が続くの

かもしれないが、微力ながら本書が、コロナ禍で暮らす読者の皆さんの気晴らしになってくれれば幸いである。

　本書のグルジア史の記述や民謡の翻訳に関しては、京都大学人文科学研究所の伊藤順二准教授からアドヴァイスをいただいた。筆者からの突然の依頼に、忙しいなか応じてくださった伊藤先生には感謝している。また、日本学術振興会海外特別研究員の飯野りささんには草稿の段階からお世話になった。飯野さんの助けがなければ、おそらく本書は完成しなかっただろう。忙しいなか、本書のタイトルをいっしょに考えてくださり、シリアをはじめとする中東地域で調査経験を積んだベテラン音文化研究者の立場から、未熟な著者に的確な助言をくださったことは、非常に励みになり、大変感謝している。

2020 年 7 月

久岡　加枝

付録 楽譜

　著者が現地で教わった民謡のなかで、比較的歌いやすいものを楽譜で紹介する。もちろん、同じ歌にもさまざまな歌い方があり、ここで紹介する旋律や歌詞は絶対的なものではない。本書に掲載する楽譜は、あくまでも一例であって、ほかにも多様な演奏のパターン、解釈があることを断っておく。Spotify や Youtube などで聴くことができるものも多いため、さまざまな演奏を参考にしてほしい。

　歌詞は基本的に「ローマ字読み」で発音する。たとえば「he」は「ヘ」、「she」は「シェ」というように発音する。

　さらに発音について詳しく説明すると、たとえば、歌詞に頻出する「kh」は、摩擦音を表記したものであり、ドイツ語の「Buch」の「ch」やロシア語の「x」の発音をイメージするとわかりやすいかもしれない。難しい場合は、日本語のはひふへほの「フ」の発音で歌ってよい。「gh」も同様に、「g」の摩擦音であるが、難しい場合は通常の「g（グ）」でよい。また、「dz」の音は「z（ズ）」の音をいったん舌で息を止めて発音する。 楽譜7 《ムラヴァルジャミエル mravalzhamier》の「zh」は息を抜きながら「z（ズ）」の音を発音する。ロシア語の「ж」の音に近い。歌のなかでこういった区別は難しいため、「z（ズ）」の音で歌っていい。

　ほかに「k（ク）」や「p（プ、グルジア語では f〔フ〕に近い）」、「t（トゥ）」、「ts（ツ）」、「ch（チュ）」も通常の音と、喉をいったん閉じたあとに力強く息を放出し発音する音（k'、p'、t'、ts'、ch'、ch' で表記）に区別される[注57]。これらの区別は、歌のなかでは難しいため、通常の音で歌っていいだろう。また、「q」の音は「k」の音を喉の深い奥から力強く発音する音であるが、この音は特に発音が難しいため、「k（ク）」で歌っていいだろう。「la」や「ra」といった基本的な音の区別

注57　グルジア語の詳しい発音などに関しては、児島康宏著『ニューエクスプレス・グルジア語』白水社、2011 年などの専門書を参照されたい。

も、筆者を含めた日本人には難しいため、「ra（ラ）」で統一して歌ってもいいだろう。こうした個々の音の発音の難しさに加え、子音が連続することが多いグルジア語の歌は歌いにくい。「tskhva」などの複数の子音からなる音節は、母音と結合した「va」の部分を意識して発音すると歌いやすいかもしれない。

　また、スヴァネティ地方の歌に登場する「voydilivo」や「qipyane」などの「y」の音は「i」の音をさらに小さくした音であり、「a」などの母音と結合した場合、「ヤ」の発音になり、「キピアネ Kipiane」は「キピャネ」に近い響きになる。また、スヴァン語にはさまざまな種類の母音「a」のほか、「qhanäri（牛 qhän の複数形）」の「qh」（グルジア語にもかつて存在したが、kh の音に統一された）といった独自の音があり、対訳にはわかる範囲で表記した。しかしながらグルジア全域で歌われるようになったスヴァネティ地方の歌では、こうした音は区別して歌われないことも多いため、楽譜9 《ラジグヴァシュ》や 楽譜10 《カンサヴ・キピアネ》などの楽譜上ではこうした音の違いを表記しなかった。

　なお、歌詞を伸ばして歌う箇所には基本的にスラーを表記し、何らかの言葉が続いている場合は「-（ハイフン）」を記し、そうでない場合は現地の楽譜の表記にならって空欄としたが、基本的にその前の歌詞の母音を引き伸ばして歌う。歌詞については、二番以降、新たな歌詞が歌われる部分については表記し、一番と同じ歌詞が繰り返される部分は、基本的に表記していない。

　本書の楽譜に表記しているテンポはあくまでも目安である。サンプル音源などを参照し、曲の雰囲気を感じながら自由なテンポで変更して歌っていい。

　男声、女声、混声合唱のいずれで歌ってもいいだろう。また各旋律を複数で歌ってもいい。なお、主旋律と副旋律のト音記号の下に「8」

がついているが、これは一オクターヴ下の高さで歌うという意味である。従って、上声部は低音部と極めて近い高さで歌われる。

　[楽譜9]《ラジグヴァシュ》、[楽譜14]《ああ、チョングリ》、[楽譜15]《チェラ》には、チュニリやチョングリの伴奏が加わるが、無伴奏で歌われることも多い。[楽譜14]《ああ、チョングリ》や[楽譜15]《チェラ》に関しては、Spotify や Youtube などの録音を参考にしてギターの伴奏を加えてもいいかもしれない。

[楽譜1]《シャヴレゴ Shavlego》

カルトリ・カヘティ地方

《シャヴレゴ **Shavlego**》

shavleg sheni shavi chokha shavlego
　　　シャヴレグよ、お前の黒いチョハが
siskhlshi gagikhamebia shavlego
　　　血に染まっているようだ
qats'imebi gikhdeboda shavlego
　　　剣帯が似あっていたシャヴレグよ
omshi shesvla gikhdeboda shavlego
　　　戦に赴く姿がふさわしかったシャヴレグよ
mt'rebtan brdzola gikhdeboda shavlego
　　　敵と戦う姿がふさわしかったシャヴレグよ
mashveli ar gch'irdeboda shavlego
　　　助けを必要としなかったシャヴレグよ

　最初の六小節は、歌い出しの際には、中間声の独唱で歌ったほうがよい。
　6人以上の歌い手がそろう場合、二組の三部合唱に分かれ、六小節ごとに交互に歌ってもよい。その場合、「hey」の部分は二組の三部合唱（歌い手全員）でいっしょに歌う。

　《シャヴレゴ》の演奏に関しては以下の録音が参考になる。
○アンサンブル「カルトゥリ・フメビ」のアルバム『Georgian Voices: The Years: Georgian Traditional & Popular』のトラック 11
○アンサンブル「ロミシ Lomisi」による演奏
　▶ https://www.youtube.com/watch?v=PK174Whdz74

楽譜 2 《もしも娘よ、私とお前が Netavi Gogov Me da Shen》

カルトリ・カヘティ地方

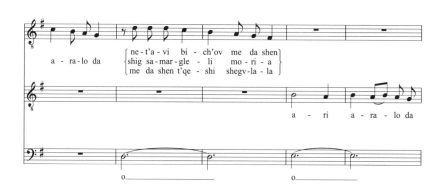

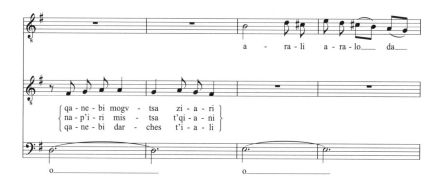

《もしも娘よ、私とお前が Netavi Gogov Me da Shen》

net'avi gogov me da shen

　　　もしも娘よ、私とお前が

net'avi bich'ov me da shen

　　　もしも若者よ、私とあなたが

qanebi mogvtsa ziari

　　　畑を共有したならば

shig samargleli moria

　　　畑を耕す鍬つきの

nap'iri mistsa t'qiani

　　　そして森の傍の最果ての地を手に入れたならば

me da shen t'qeshi shegvlala

　　　私とお前は森のなかへ誘われ

qanebi darches t'iali

　　　土地は寂しく忘れ去られるのだ

　冒頭から 17 小節目までと 25、26 小節目の部分は、「若者」が歌う中間声を男声の独唱が、「娘」が歌う上声部を女声の独唱が歌い、18 小節目から 24 小節目の部分は、「若者」と「娘」を含む、さらに大人数による合唱で歌ってもよい。

　《もしも娘よ、私とお前が》の演奏は以下の録音・映像が参考になる。
○ハムレト・ゴナシュヴィリらの以下の演奏。
　▶ https://www.youtube.com/watch?v=PNOzlQ8eehQ

○『サカルトベロの奇蹟のポリフォニー』（ビクターエンタテイメント）
　のトラック 1 が合唱のみによる演奏で参考になる。

楽譜 3 《黒い瞳の娘よ Gogov Shavtvala》

カルトリ・カヘティ地方

《黒い瞳の娘よ **Gogov Shavtvala**》

gogov gogov shavtvala

　　　娘よ、娘よ、黒い瞳の

livliv kalo saqvarelo

　　　たおやかな愛しい娘よ

liakhvo chemo da liakhvo

　　　私のリアフヴィ川のような

bich'ma shemogitvala

　　　少年が君にささやいた

an momets chemi dana

　　　私に小刀をくれないか

an gamomqevi tana

　　　もしくはいっしょに来ないか

《黒い瞳の娘よ》の演奏に関しては以下の録音が参考になる。

○アンサンブル「ゲオルギカ」の演奏

　　▶ https://www.youtube.com/watch?v=YaphTcKXJLg

○アンサンブル「ルスタビ」（ハムレト・ゴナシュヴィリ）の演奏

　　▶ https://www.youtube.com/watch?v=SVU9b-po8H8

楽譜 4 《飛べ、黒い燕よ Gaprindi Shavo Mertskhalo》

《飛べ、黒い燕よ Gaprindi Shavo Mertskhalo》

gaprindi shavo merskhalo

　飛べ、黒い燕よ

gahqev alaznis p'irsao

　アラザニ川の岸伝いに飛んでいくのだ

ambavi chamomit'ane

　そして様子を教えておくれ

omshi ts'asuli dzmisao

　戦に行った兄弟の

nishnad ts'aughe nats'navi

　私の身代わりとして、お下げ髪をもっていきなさい

k'avi am chemi tmisao

　私の髪の毛を結ったものである

utkhari zed asakhuria

　そして、濡れたものだと伝えなさい

tsremli saqvarel disao

　お前の愛する姉の涙で

alaznis p'irsa mosula

　燕はアラザニ川の岸辺にたどり着いたようだ

ts'iteli sat'atsuria

　そこには、赤いマツバウドが生えている

mivel da k'repa davuts'qe

　私はそこに行き、それらを採りはじめた

megona uk'atsuria

　荒地かと思ったが

《飛べ、黒い燕よ》の演奏に関しては、以下の録音が参考になる。

○ハムレト・ゴナシュヴィリのアルバム『Hamlet Gonashvili』のト
　ラック5

楽譜5 《ツィンツカロ Tsintskaro》

カルトリ・カヘティ地方

ro _____ cha - - - mo - vi - a - - - re
rom _____ e - - - dga mkhar - ze - - da
khada _____ ga - - - dga gan - ze - - da

ro _____ cha - - - mo - vi - a - - - re
rom _____ e - - - dga mkhar - ze - - da
khada _____ ga - - - dga gan - ze - - da

— o _____ o

《ツィンツカロ Tsintskaro》

ts'ints'qaro chamoviare ts'ints'qaro

　私は泉の前にやってきた

bich'ov da ts'intsqaro chamoviare

　泉の前にやってきた

ts'in shemkhvda kali lamazi ts'in shemkhvda

　私の前に美しい娘が現れた

bich'ov da koka rom edga mkharzeda

　水瓶を肩に載せた

sit'qva vutkhar da its'qina sit'qva vutkhari

　言葉をかけたら、そっぽをむかれた

bich'ov da ganriskhda gadga ganzeda

　彼女は怒って脇へそれた

《ツィンツカロ》の演奏に関しては以下の録音が参考になる。

○ハムレト・ゴナシュヴィリのアルバム『Hamlet Gonashvili』のト

ラック１

○アンサンブル「ラシャリ」の演奏

　▶ https://www.youtube.com/watch?v=gNs8Hx5BjJs

楽譜6 《兵士の歌（ムヘドゥルリ）Mkhedruli》

イメレティ地方

《兵士の歌 Mkhedruli》

omshi ts'asvla mas ukharsa

　　戦に行くのは喜ばしい

visats k'argi tskheni hqavso

　　良き馬をもつ者にとって

dabrundeba da shin mosvla

　　家に戻ることは喜ばしい

visats k'argi tsoli hqavso

　　良き妻をもつ者にとって

lamazi kalis p'at'ronma

　　美しい妻をもつ者は

unda hqavdes dzaghli prtkhili

　　番犬を飼う必要があるだろう

《兵士の歌》の演奏に関しては以下の録音が参考になる。

○アンサンブル「コルヘティ」のアルバム『Oh, black-eyed girl』トラック14

○イリヤ・チャフチャヴァゼ大学の合唱サークルの演奏

　▶ https://www.youtube.com/watch?v=Aw3VWeNHMLM

楽譜7 《ムラヴァルジャミエリ Mravaljamieri》

ラチャ地方

《ムラヴァルジャミエリ Mravaljamieri》

mravalzhamier　　　長寿万歳

　ラチャ地方に伝わるこの長寿歌はアスラン（人名）のムラヴァル
ジャミエリ《Aslanuri Mravarjamieri》と呼ばれることもある。

　《ムラヴァルジャミエリ》の演奏に関しては以下の録音が参考にな
る。
○コンピレーションアルバム『Songs of Survival: Traditional Music of
　Georgia』CD2 のトラック 1
○イリヤ・チャフチャヴァゼ大学の合唱サークルの演奏
　　▶ https://www.youtube.com/watch?v=PFbUuupVGSM

楽譜 8 《飲め Dalie》

ラチャ地方

《飲め Dalie》

dalie ghvino ikneba o dalie, dalie

　　葡萄酒を飲め、まだあるぞ

delie da shegergeba

　　飲め、そして味わうのだ

chveni maspindzlis maranshi

　　我々の主人の葡萄酒の貯蔵庫で

sul lkhnia da tamashi

　　思う存分、歌って楽しむがいい

dalie da dadgi tasi

　　さあ、杯を空けるのだ

chven vina gvakvs sheni pasi

　　いくら飲もうが気にするな

　6人以上の歌い手がそろう場合、中間声の歌い出しの二小節目からの部分を、四小節ごとに二組の二部合唱に分かれて交互に歌ってもよい。その場合、最後の締めくくりの一小節は全員で歌う。

　《飲め》の演奏に関しては、以下の録音が参考になる。

○アンサンブル「シャヴナバダ」のアルバム『Georgian & Abkhazian Folk Songs #4』トラック9

○ラチャ地方の合唱団「サガロベリ Sagalobeli」の演奏

　▶ https://www.youtube.com/watch?v=xrfY4MvjODk

楽譜9 《ラジグヴァシュ Lazhghvash》

スヴァネティ地方

《ラジグヴァシュ Lazhghvash》

isgvami didäb

　　あなたを讃えよう

okräshi samk'al

　　金色に光り輝く

qhanäri jirdakh sgash lalgenas

　　あなたに捧げる牛たちの

much'väri khangankh shid okräshi

　　角は金色に光り輝いていた

《ラジグヴァシュ》の演奏に関しては以下の録音が参考になる。

○メスティアのピルパニ家の合唱団による演奏　サンプル6

○アンサンブル「リホ」の『Georgia: Vocal Polyphonies from Svaneti』

　のトラック1

楽譜10 《カンサヴ・キピアネ Kansav Kipiane》

スヴァネティ地方

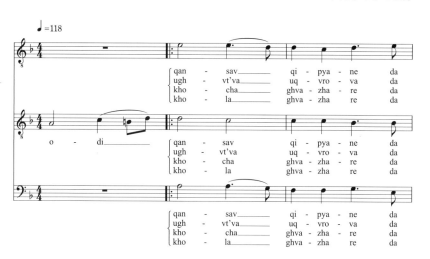

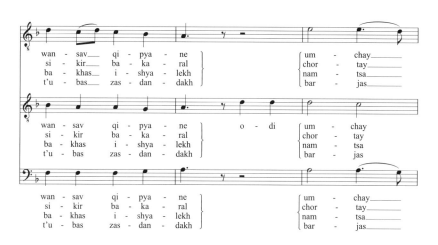

《カンサヴ・キピアネ Kansav Kipiane》

qansav qipyane, umchay udgara

カンサヴ・キピアネは不老不死だ

ughvt'a uqvrova, sikir bakarāl

屈強で、荒くれ者で抜け目のない

chortäy chärtolān,

がに股歩きの

zhi inzoralekh

人々が集まる

khocha ghvazhare baqhas ishyalekh

勇敢な男たちはバハで戦っている

namtsa topare dətkhel p'ilare

彼らは年季の入った銃を装備している

khola ghvazhare t'ubas zəsdändakh

卑怯な男たちは谷で戦っている

barjas khasdändakh jihrä t'qenare
　　彼らは木製のこん棒を装備している

　6人以上の歌い手がそろう場合、中間声の歌い出しの二小節目から
の部分を、四小節ごとに二組の二部合唱に分かれて交互に歌ってもよ
い。その場合、最後の締めくくりの一小節は全員で歌う。

　《カンサヴ・キピアネ》の演奏に関しては、以下の録音が参考にな
る。
○アンサンブル「ルスタビ」の『Traditional Sounds of Georgia』のト
　ラック16
○アンサンブル「ゲオルギカ」の演奏
　▶ https://www.youtube.com/watch?v=QJpcp6NGH2s
○カルトリ・カヘティ地方のウダブノ村のスヴァン人の合唱団の演
　奏
　▶ https://www.youtube.com/watch?v=LkppEbNogLc

楽譜11 《バトネボ Batonebo》

グリア地方

《バトネボ Batonebo》

bat'onebo mouokhe

　　バトネビよ　怒りをおさめてくれ

lamazi bat'onebia ia da vardi penia

　　善良なバトネビは、菫と薔薇の仲間だ

tetri tskhvari da tkhis jogi

　　白い羊とヤギの群れが

modis tik'anma ikht'una

　　やってきて、子ヤギが一匹、ぴょんと飛び跳ねた

gaukharda bat'onebsa

　　バトネビを喜ばせた

da utsbad p'iri ibruna

　　そのとき、バトネビは顔色を変えた

《バトネボ》の演奏に関しては、以下の録音が参考になる。

○アンサンブル「ルスタビ」の『Georgian Voices』のトラック11

○アンサンブル「ファジシ」による演奏

　　▶ https://www.youtube.com/watch?v=JUr6IxQ8ZfM

楽譜 12 《ヒンツカラ Khintskala》

アチャラ地方

《ヒンツカラ **Khintskala**》

ati titi brolis qeli

　　　十本の指は水晶のごとく繊細で

ts'minda ts'elshi chakhlartuli

　　　すんなりと細い腰つきをした

loqa sheni vashlis peri

　　　お前のリンゴ色の頬には

zed shakari mogeqara

　　　砂糖がかかっているよ

《ヒンツカラ》の演奏に関しては以下の録音が参考になる。

○ アチャラのシュアヘヴィ地区の合唱団の演奏　サンプル8

○ アチャラの町ケダの合唱団の演奏

　　▶ https://www.youtube.com/watch?v=Z7h28zsqYmo

○ バトゥミ市の女声合唱団の演奏

　　▶ https://www.youtube.com/watch?v=CFWIZ_OFc_M

楽譜13 《ヴァフタングリ Vakhtanguri》

サメグレロ地方

《**ヴァフタングリ Vakhtanguri**》
※囃子詞で歌われる。

《ヴァフタングリ》の演奏に関しては、以下の録音が参考になる。

○アンサンブル「アディレイ」のアルバム『Georgian Traditional Polyphonic Songs』のトラック5

○アンサンブル「シャヴナバダ」の演奏
　▶ https://www.youtube.com/watch?v=M9kdS6gbanU

○サメグレロ地方ムフリ村の合唱団の演奏
　▶ https://www.youtube.com/watch?v=EeRWhyoC6cY

楽譜14 《ああ、チョングリ Ase Chonguri》

サメグレロ地方

《ああ、チョングリ Ase Chonguri》

ase chonguri kovtkuatu
   ああ、チョングリをつま弾くのだ
skan do chkimi gach'ireba
   お前と私の不幸を思って
chongur si mu shegilebu
   チョングリよ、お前は何を
vegigandve ganchineba
   歌うことができるのか
ubeduri chkimi dusu
   おお、不幸な私よ
irpel ch'ua chkimda mursu
   あらゆる苦痛が私を襲う

《ああ、チョングリ》の演奏に関しては以下の録音が参考になる。

○アンサンブル「シャヴナバダ」のアルバム『Georgian & Abkhazian Folk Songs #4』のトラック 8

○エレネ・チュバブリアらの演奏

   ▶ https://www.youtube.com/watch?v=kHNRPLHvokA

楽譜15 《チェラ Chela》

o o — u na-na na - na o-u na-na ska-ni tso-da na - ni - na

o o - u na-na na - na o-u na-na ska-ni tso-da na - ni - na

o o na - na o o na - ni - na

《チェラ Chela》

asho chela isho busk'a

　　こっちにチェラが、あっちにブスカが

o, nana skani tsoda

　　かわいそうな奴さ

si monobas gegapili

　　奴隷の生活に慣れきってしまって

si uchkhonchkhe, si ugure

　　生気と感情を失い

si k'iseri elapiri, o, nana skani tsoda

　　首をすりむいた、かわいそうな奴さ

《チェラ》の演奏に関しては以下の録音が参考になる。

○サメグレロ地方のズグディディ市にある文化会館の合唱団の演

奏 サンプル11

○ハムレト・ゴナシュヴィリのアルバム『Hamlet Gonashvili』のト

ラック 5

楽譜16 《クチヒ・ベディネリ Kuchkhi Bedineri》

サメグレロ地方

　「クチヒ・ベディネリ」とは「幸せの足」を意味する。歌詞の「Kchkhi Bedineri」以外は、意味のない囃子詞で歌われる。

　《クチヒ・ベディネリ》の演奏に関しては以下の録音が参考になる。

○アンサンブル「ルスタビ」のアルバム『Georgian Wedding Songs』のトラック4

○ノコ・フルツィアらの演奏

　　▶ https://www.youtube.com/watch?v=ocZrBLXKkKM

○サメグレロ地方のアンサンブル「チホロツク Chkhorotsku」の演奏

　　▶ https://www.youtube.com/watch?v=PFKYs3b1dSA

付録 用語集

アリロ Alilo

グルジアのほぼ全域で歌われる降誕祭（クリスマス）の歌。

イアヴ・ナナ Iav-Nana

治癒歌もしくは子守歌の東部における呼び名。

ヴァフタングリ Vakhtanguri

宴席で、友人同士が互いに腕を組みあって、杯を酌み交わす動作を意味する。転じて「宴席歌」を意味する。サメグレロ地方やグリア地方で歌われる。5世紀のイベリア王国のヴァフタング1世が、キリスト教徒間で絆を深めるためにおこなったしぐさに由来するという説もある。

オリラ Orira

グリア地方など、西グルジアの民謡に登場する囃子詞。転じて余興の歌の名前としても知られる。似たような囃子詞として「ナナ Nana」から派生した「ナニナ Nanina」がある。こうした囃子詞に由来する民謡として、恋歌《ナニナ》のほか、労働歌《エレサ Elesa》や《オドイア Odoia》が知られる。

このほか、グルジア民謡には、グリア地方やサメグレロ地方、イメレティ地方などの西部の「アバ・デラ Aba-Dela」、「デリ・デラ Deli-Dela」、「オデラ Odela」、カルトリ・カヘティ地方などの東部の「アリ、アラロ Ari-Aralo」や「アララロ Aralalo」などのさまざまな囃子詞がある。こうした意味を伴わない囃子詞のみで歌う歌の冒頭部分は「ミサムゲリ Misamgheri」と呼ばれることがある。

オルピルリ Orpiruli

二組の三部合唱が交互に歌うことを意味する。

カラクリ Kalakuri

「都会の」という意味の形容詞であり、音楽の場合、トビリシやクタイシなどの都市の民謡を指す。

カルトゥリ Kartuli

「グルジアの」という意味の形容詞だが、歌舞音曲の分野では転じて、グルジアの代表的な男女による舞踊や舞曲を意味する。

ガルモニ Garmoni

小型のアコーディオン「ガルモニ」は、ロシア語で「和声」を意味する言葉で、もともとはロシアで作られていた楽器だが、19世紀にコーカサスに入ってきた。グルジアでは主に北東部山岳地帯のトゥシェティ地方やキスト人の女性のあいだで演奏される。グルジアには白鍵とバスボタンのついたロシア製の「カザン・ガルモニ」のほかに、グルジア製の黒鍵と白鍵からなる「カルトゥリ・ガルモニ」が広まる。北コーカサスの諸民族のあいだでも独自のものが造られており、音楽に欠かせない存在である。

キロ Kilo

歌や楽器の「声調」や「音調」、あるいは「旋法」を意味する言葉。より広い意味では、地域独自の「言葉の訛り」や「方言」といった意味で用いられるほか、民謡の「地域的特徴」を指す場合もある。たとえば「グルリ（グリアの）・キロ」といった場合、グリア地方で歌われる「グリア調」の民謡を意味する。

クリマンチュリ Krimanchuli

「よじれた高い声」を意味する言葉であり、グリア地方やアチャラ地方の三部・四部合唱における上声部の裏声を指す。

グンディ Gundi

合唱もしくは合唱パート、合唱団を意味する。もともとは何らかの「軍団」を意味する言葉であり、サッカーなどのスポーツのチームを指す場合もあるが、民謡合唱団の場合、「ハルフリ・シムゲリス・グンディ Khalkhuri Simgheris Gundi」と呼ぶことが多い。⇔ハルフリ

サトルピアロ Satrpialo

恋歌を意味する。

サラムリ Salamuri

グルジア東部に広まる縦笛。かつては羊飼いのあいだに広まっていた。小さな吹き口（リード）のついたものとついていないものがある。白鳥の骨でできた紀元前の古いものが見つかっており、最古の楽器の一つとして位置づけられる。

シムゲラ Simghera

独唱、合唱に関わらず、世俗的な歌を意味するが、グルジアでは多くの場合「合唱」形式の民謡を指す。世俗の歌「シムゲラ」に対して教会で歌われる聖歌は「ガロバ Galoba」と呼ばれるが、聖職者以外の人々のあいだに広まっている降誕祭の歌《アリロ》や復活大祭の歌《チョナ》は、「ガロバ」ではなく「シムゲラ」と呼ばれることが多い。三部合唱は「ムラヴァルフミアニ Mravalkhmiani（多声の）・シムゲラ（歌)」と呼ばれることもある。

シャイリ Shairi

即興詩を意味する言葉。転じて東部に広まるパンドゥリの伴奏で歌われる「ふざけ歌」を指す場合もある。

ジリ Zili

高い音や声を意味する言葉。転じて、もっとも高い音に調弦されているチョングリの短い弦を指す。高い声を指す名称には、このほかに「ツヴリリ Tsvrili」（「繊細な」あるいは「鋭い」という意味の形容詞に由来）や「クリニ Krini」がある。「クリマンチュリ」は、「クリニがよじれた」という意味からきている。⇔**クリマンチュリ**

スプラ Supra

伝統的な宴席。

スプルリ Supruli

宴席「スプラ」で男性によって歌われる歌、宴席歌を意味する。

ズルナ Zurna

複簧（ダブルリード）の管楽器。吹き口には葦の茎が用いられる。中東やバルカン半島を中心に、グルジア、アルメニア、アゼルバイジャンのほかに北コーカサスの諸民族のあいだにも広まっており、婚礼で演奏されることもある。グルジアでは古式レスリング「チダオバ」で演奏される《サチダオ》の旋律が有名である。

タンプル Tampur

ダゲスタンのアヴァル人のあいだに伝わる二弦の撥弦楽器。

チュニリ Chuniri

スヴァネティ地方に伝わる三弦の擦弦楽器。スヴァネティ地方以外の地域では、「チアヌリ Chianuri」と呼ばれ、主にラチャ地方で演奏される。《ミラングラ》などの弔い歌や《ラジグヴァシュ》などの儀礼歌の伴奏に用いられることが多い。

チョナ Chona

カルトリ・カヘティ地方やイメレティ地方で歌われる復活大祭の歌を意味する。

チョングリ Chonguri

イメレティ、サメグレロ、グリア、アチャラ地方に広まる四弦の撥弦楽器。

ドゥドゥキ Duduki

複簧（ダブルリード）の管楽器。吹き口はズルナよりも太く、オーボエのリードに似ている。ズルナよりも柔らかい音を出すため、グルジアでは歌の伴奏に用いられてきた。アルメニアでは「ドゥドゥク」と呼ばれ、民族楽器として位置づけられる。同系統の楽器としてアゼルバイジャンの「バラバン Balaban」が知られる。

ナナ Nana

多くの場合、子守歌を指すが、単なる「口ずさみ」を意味する場合もある。

バトネボ Batonebo

イメレティ地方、グリア地方などでの治癒歌の呼び名。

バニ Bani

　三部合唱の低音部を指す。低い音や声はかつて「ボヒ Bokhi」とも呼ばれた。バニよりもさらに低い音や声を意味する言葉に「ドゥヴリニ Dvrini」や「ダバリ（低い）・バニ Dabali-Bani」があるが、楽器の音程を指すことが多く、普通の三部合唱では用いられない。

バラライカ Balalaika

　ロシアの民族楽器として知られる三弦の撥弦楽器である。しかしながらグルジアのトゥシェティ地方やチェチェン系のキスト人のあいだにも定着し、叙事詩歌の伴奏に欠かせない楽器である。

ハルフリ Khalkhuri

　「民衆の」という意味の形容詞であり、音楽の場合、地方で歌われる歌や楽器の旋律のほか、パンドゥリなどの民俗楽器を指す。民謡は「ハルフリ・シムゲラ Khalkhuri Simghera」という。⇔シムゲラ

ハンギ Hangi

　歌や楽器の旋律のほか、声調や音調を意味する。歌や楽器の演奏では「キロ Kilo」とほぼ同じ意味で使われる。⇔キロ

パンドゥリ Panduri

　カルトリ・カヘティ地方のほか、北東部山岳地帯に広まる三弦の撥弦楽器。

ピリリ Pilili

　アチャラ地方に伝わる管楽器。主に黒海沿岸のラズ人のあいだに広まる。

フマ Khma

音、声もしくは声部を意味する。三部合唱では主旋律のムトゥクメリを「ピルヴェリ Pirveli（第一の）・フマ」、副旋律のモザヒリを「メオレ Meore（第二の）・フマ」、低音部のバニ「メサメ Mesame（第三の）・フマ」といったりする場合もある。

ペルフリ Perkhuli

合唱とともにおこなわれる輪舞を意味する。

マクルリ Makruli

婚礼の歌を意味する。

ムグザヴルリ Mgzavruli

旅路の歌を意味する。

ムトゥクメリ Mtkmeli

三部合唱の主旋律を指し、「語り部」を意味する。「トゥクマ Tkma」（「話す」という意味の動詞の原形）と略して呼ばれることもある。三部合唱の民謡では、中間の高さの声が、主旋律を歌うムトゥクメリであり、このムトゥクメリによって歌いはじめられる場合が多い。そのためムトゥクメリは「ダムツケビ Damtsqebi」（先唱者）と呼ばれる場合もある。

ムヘドゥルリ Mkhedruli

兵士の歌を意味する。短剣を用いた男性による舞踊を意味する場合もある。

ムラヴァルジャミエリ Mravaljamieri

　長寿を讃える宴席の歌。「ムラヴァル Mraval」は「多くの」、「ジャ
ミ Ja（zha）mi」は年月を意味する。

モザヒリ Modzakhili

　三部合唱の民謡における副旋律（上声）を指す。

ラシュクルリ Lashkruli

　戦にまつわる歌を指す。ムヘドゥルリとほぼ同じような歌のジャン
ルを指す。⇔ムヘドゥルリ

ラレ Lale

　「ラレ、ラレ」といった歌い出しではじまる、グルジア全域で歌わ
れるぼやき歌を指す。失恋の悲しみを歌ったものが有名である。

索引

わ

人名索引

◎著者紹介

久岡加枝（ひさおか・かえ）

北海道大学大学院（スラブ社会文化論）修了。

ヴァノ・サラジシュヴィリ記念トビリシ国立音楽院・伝統多声楽研究センターに留学。

大阪大学大学院文学研究科博士課程修了。博士（文学）。

現在、大阪大学招聘研究員。

専門はコーカサス地方（主にコーカサス諸語を話す人々）の歌謡などの民間伝承。

主要業績：「多声合唱にみるグルジア人の文化表象：帝政期の音楽学者の言説を中心に」（『東洋音楽研究』、東洋音楽学会、第 75 号、2010）

「ヴァレリアン・マグラゼ（1923-1988）によるメスヘティ民謡の復元：雪解け以降のフォーク・リヴァイヴァルと関連して」（『スラヴ研究』第 62 号、2015）

グルジア民謡概説
—— 謡に映る人と文化

発 行 日　2020 年 8 月 29 日　第 1 刷

著　　者　久岡加枝
発 行 人　池田茂樹
発 行 所　株式会社スタイルノート
　　　　　〒 185-0021
　　　　　東京都国分寺市南町 2-17-9 ARTビル 5F
　　　　　電話 042-329-9288
　　　　　E-Mail books@stylenote.co.jp
　　　　　URL https://www.stylenote.co.jp/

装　　丁　又吉るみ子
印　　刷　シナノ印刷株式会社
製　　本　シナノ印刷株式会社